LolliPop

Sprach-Sach-Buch 3

Ausgabe A

Erarbeitet von

Gisela Dorst

Hartmut Kulick

Ursula Neidhardt

Klaus Ohnacker

Manfred Pollert

Gabriela Schlesiger

illustriert von

Viola Beyer

Daniel Napp

Catharina Westphal

Cornelsen

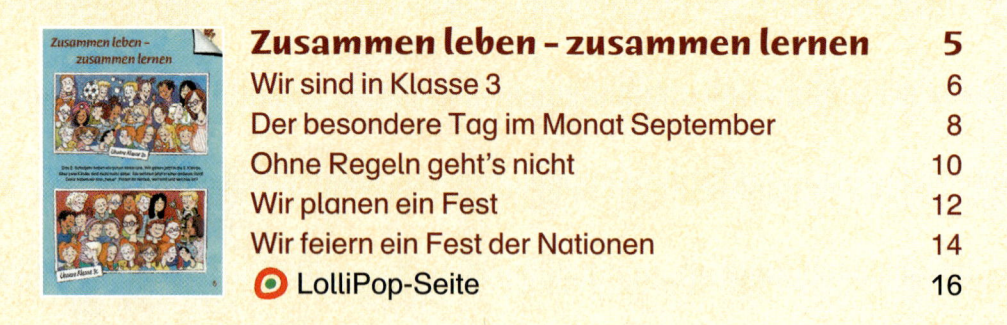

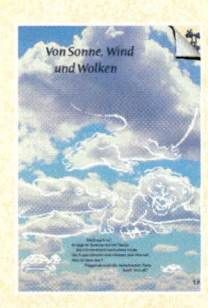

INHALTSVERZEICHNIS · INHALTSVERZEICHNIS · INHALTSVERZEICHNIS · INHALTSVERZEICHNIS · INHA

Zusammen leben – zusammen lernen 5
Wir sind in Klasse 3 6
Der besondere Tag im Monat September 8
Ohne Regeln geht's nicht 10
Wir planen ein Fest 12
Wir feiern ein Fest der Nationen 14
🔴 LolliPop-Seite 16

Von Sonne, Wind und Wolken 17
Mit dem Wetter kann man was erleben 18
Von Sonne, Licht und Wärme 20
Vom milden Lufthauch und wilden Sturm 22
Von Wolken und Regen 24
Das Wetter heute und morgen 26
🔴 LolliPop-Seite 28

Wir werden immer größer 29
Kinder werden immer größer 30
Ein neuer Mensch wächst heran 32
Endlich ist das Baby da 34
Manchmal werden Kinder krank 36
Vorbeugen ist besser 38
🔴 LolliPop-Seite 40

Im Wandel der Zeit 41
1950 war vieles noch anders 42
Schule früher, heute und im Jahr 2050 44
Wie sich der Ort Moosbach verändert hat 46
Pferde und Menschen 48
🔴 LolliPop-Seite 50

Entdeckungsreise zu nahen und fernen Orten 51
Wie viele Ecken hat der Schulhof? 52
Wer kennt sich bei uns aus? 54
Straßennamen erzählen von ... 56
Vom grünen Platz und anderen Lieblingsorten 58
🔴 LolliPop-Seite 60

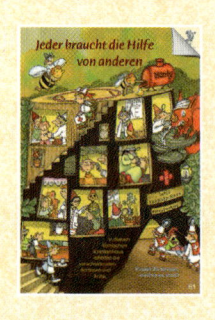

Jeder braucht die Hilfe von anderen 61
Damit der Alltag gut läuft 62
Helfen ist unsere Aufgabe 64
Ein Krankenhaus braucht viele Berufe 66
Jeder Beruf ist anders 68
Die Feuerwehr muss immer bereit sein 70
🔴 LolliPop-Seite 72

INHALTSVERZEICHNIS · INHALTSVERZEICHNIS · INHALTSVERZEICHNIS · INHALTSVERZEICHNIS · INHALTSVERZEICHNIS

Mit offenen Augen durch den Wald — 73
- Schöner, grüner und geheimnisvoller Wald — 74
- Ganz unten entsteht das Leben im Wald — 76
- In der Mitte: Sträucher und … — 78
- Ganz oben: die Bäume — 80
- Ein Schultag im Waldtheater — 82
- LolliPop-Seite — 84

Von Krabbeltieren und schlauen Füchsen — 85
- Blattlausjäger und Wiesenmusikanten — 86
- Nisthilfen für kleine Tiere — 88
- Jeder weiß etwas über den Maikäfer — 90
- Auf leisen Pfoten ein schlauer Jäger — 92
- LolliPop-Seite — 94

Sicher im Verkehr — 95
- Mit dem Fahrrad unterwegs — 96
- Sicher mit dem Rad fahren — 98
- Vorsicht im Straßenverkehr — 100
- LolliPop-Seite — 102

Das alles ist Wasser — 103
- Wie Wasser sein kann — 104
- Wasser hart wie Stein — 106
- Wo bleibt das Wasser? — 108
- Wasserüberfluss und Wassernot — 110
- Geschichten vom Wasser — 112
- LolliPop-Seite — 114

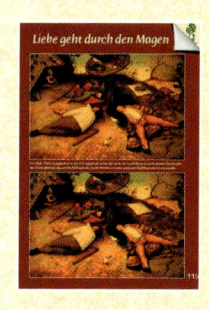

Liebe geht durch den Magen — 115
- … macht uns stark und schlapp — 116
- Gut gekaut ist halb verdaut — 118
- Die Kartoffel kennt jeder — 120
- Tischsitten in China — 122
- LolliPop-Seite — 124

Zeit vor dem Bildschirm — 125
- Lieblingssendungen im Fernsehen — 126
- 100 Programme – 1000 Meinungen — 128
- Ideen für Fernsehgeschichten — 130
- Rechenmaschinen und Computer — 132
- LolliPop-Seite — 134

Herbst 135   Winter 139   Frühling 143   Sommer 147

Sprache untersuchen und richtig schreiben 151

Wörterliste 176

Lernzusammenhänge 180

Infotafel Sprache 184

Was diese Zeichen bedeuten:

- 🔴1 🔵1   Schreibaufgabe
- 🔴2 🔵2   Partner- und Gruppenarbeit
- 🔴3 🔵3   Gesprächskreis
- 🔴4 🔵4   Experimentieren und basteln
-             Detektivaufgabe

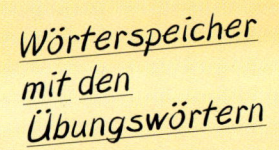

Wörterspeicher mit den Übungswörtern

- Abschreiben
- Partnerdiktat
- Dosendiktat
- Schleichdiktat
- Rechtschreibkurs → Seite 151

Zusammen leben – zusammen lernen

Unsere Klasse 2c

Das 2. Schuljahr haben wir schon hinter uns. Wir gehen jetzt in die 3. Klasse. Aber zwei Kinder sind nicht mehr dabei. Sie wohnen jetzt in einer anderen Stadt. Dafür haben wir drei „Neue". Findet ihr heraus, wer fehlt und wer neu ist?

Unsere Klasse 3c

Wünsche für das neue Schuljahr äußern;
mit einem Spiel die Verbundenheit in der Klasse darstellen

Wir sind

> Ich heiße Anastasia. Für das 3. Schuljahr wünsche ich mir wieder einen Tag, an dem wir neue Spiele ausprobieren können.

> Im 2. Schuljahr habe ich immer gerne mit euch im Morgenkreis gesessen und zugehört. Das wünsche ich mir auch im 3. Schuljahr.

Das Wünsche-Netz
Ihr braucht ein Wollknäuel. Alle sitzen oder stehen im Kreis. Ein Kind bekommt das Knäuel, stellt sich vor und nennt seinen Wunsch. Dann nimmt das Kind den Fadenanfang in die Hand, hält ihn fest und wirft das Knäuel einem anderen Kind zu. Dieses Kind stellt nun sich und seinen Wunsch vor, hält die Schnur fest und wirft das Knäuel wieder weiter. Zum Schluss sind alle Jungen und Mädchen in einem Netz versponnen.

1 Erzählt, was ihr im 2. Schuljahr gerne gemeinsam in der Schule getan habt.

2 Schreibt eure Wünsche für das 3. Schuljahr auf und hängt sie aus.

Ich wünsche mir einen Drachen-Tag. Zuerst bauen wir Luftdrachen, dann lassen wir sie fliegen.
Kolja

Wünsche für das 3. Schuljahr
Eine Klassenfahrt mit zwei Übernachtungen!!

Mein größter Wunsch ist es, eine Freundin zu finden. Mit ihr kann ich in der Pause Gummitwist spielen.
Tina

6

in Klasse 3

*ein Vorhaben planen;
Gesprächsregeln wiederholen;
seine Meinung ausdrücken*

So könnt ihr ein Jahresprogramm für eure Klasse planen. Jeder Monat soll dabei einen besonderen Tag haben:

1 **Ideen sammeln und notieren.**

Setzt euch zu zweit oder in kleinen Gruppen zusammen. Schreibt für jeden Monat eure Vorschläge auf ein großes Blatt Papier. Hängt eure Vorschläge an die Pinnwand. Dann können sie alle Kinder lesen und darüber nachdenken.

2 **Die Vorschläge besprechen.**
Achtung: Es gibt Regeln!

- Wer etwas sagen will, meldet sich.
- Wer zuletzt an der Reihe war, …
- Wer an der Reihe ist, spricht deutlich.
- Wer nicht an der Reihe ist, hört zu.
- Wer etwas fragen will, …

- Mir gefällt der Vorschlag nicht, weil …
- Ich bin dafür, weil …
- Mir gefällt der Vorschlag, weil …
- Ich bin nicht dafür, weil …

3 **Über die Vorschläge abstimmen und entscheiden, welche Ideen verwirklicht werden sollen.**

4 **Ein Poster oder einen Kalender mit Bild und Text gestalten.**

das Programm
die Reihe
die Fahrt
die Stunde

wünschen
sammeln
planen
sprechen
schreiben
gefallen
fragen
hören
melden
heißen

zuerst
zuletzt

Seite 152

7

verschieden aufgeschriebene Rezepte verstehen; sich für einen Kuchen entscheiden und ihn backen

Der besondere Tag

Kuchen backen und probieren

Gruppe 1: Kirschkuchen   Gruppe 2: Nusskuchen   Gruppe 3: Apfelkuchen

1 Erkundigt euch nach einfachen Kuchenrezepten. Eltern und Großeltern können sicher helfen. Bringt die Rezepte mit.

2 Schreibe und male ein Apfelkuchenrezept auf und verschenke es.

Mein Lieblingskuchen: Kirschkuchen

Zutaten
- 100 Gramm Zucker
- 1 Päckchen Vanillezucker
- 3 Eier
- 125 Gramm Butter (oder Margarine)
- 250 Gramm Mehl
- 1 Teelöffel Backpulver
- 600 Gramm frische Sauerkirschen (ohne Kerne) oder 500 Gramm Sauerkirschen aus dem Glas

Zubereitung

Zucker, Vanillezucker, Eier und Butter werden in einer Schüssel mit einem Handmixer schaumig gerührt. Dann kommen Mehl und Backpulver dazu. Es wird so lange gerührt, bis ein glatter Teig entsteht. Die Kirschen werden vorsichtig untergehoben. Die Kuchenform (Springform) wird mit etwas Butter eingefettet, der Teig eingefüllt.
Im Backofen (nicht vorheizen) braucht der Kuchen bei 175 Grad auf der mittleren Schiene ungefähr 60 bis 70 Minuten.

Spuckrekord!! Mit einem Kirschkern kam Horst Ortmann aus Hessen am 27. August 1994 auf eine Rekordweite von 28,98 m.

Apfelkuchen

Zucker 150 g, Butter 125 g, Mehl 250 g, Vanillezucker, 2x Backpulver, 1 Prise Salz, Milch, Eier

Alle Zutaten zu einem glatten Teig verrühren.

Vierteln, schälen, und ausschneiden.

Teig in gefettete Springform füllen.

Backen:
- Ofen mit 100 °C vorheizen.
- Kuchen in der Mitte einschieben.
- 45 Minuten backen.

im Monat September

Apfelsorten beschreiben; Wortart Nomen und Artikel wiederholen; zusammengesetzte Nomen bilden; Gedicht mit verteilten Rollen sprechen

1 Geht auf einen Wochenmarkt oder in einen Supermarkt und notiert euch Namen von Apfelsorten. Erkundigt euch daheim oder bei einem Bäcker, welche Apfelsorten sich zum Backen eignen.

2 Welche Apfelsorte isst du besonders gern? Schreibe den Namen auf und male einen Apfel dazu. Beschreibe, welche Farbe der Apfel hat, wie er schmeckt …

3 In allen Bildern stecken leckere Sachen, die man aus Äpfeln machen kann. Schreibe zuerst das Wort für das Bild und dann die Leckerei auf:
das Mus – das Apfelmus, …

4 Auch aus Kirschen gibt es leckere Sachen. Schreibe mindestens fünf in Sätzen auf. Zum Beispiel:
Zu meinem Geburtstag gibt es eine Kirschtorte …

> Namen für Dinge, Menschen, Tiere und Pflanzen nennt man **Nomen (Namenwörter)**. Nomen werden großgeschrieben. Sie haben die **Begleiter ein, eine – der, die, das.** Die Begleiter nennt man auch **Artikel**.

Spatzensalat

Auf dem Kirschbaum Schmiroschmatzki
saß ein Spatz mit seinem Schatzki,
spuckt die Kerne klipokleini
auf die Wäsche an der Leini.
Schrie die Bäurin Bulowatzki:
„Fort, ihr Tiroteufelsbratzki!"
Schrie der Bauer Wirowenski:
„Wo sind meine Kirschokenski?
Fladarupfki! Halsumdratski!
Hol der Henker alle Spatzki!"

Friedrich Hoffmann

5 Schreibe zehn Nomen von Seite 8 mit einem passenden Artikel auf.

6 Dieses Gedicht ist ein Test für flinke Zungen. Lest das Gedicht mit verteilten Rollen:
Immer ein Kind liest eine Zeile.
Lest von Zeile zu Zeile schneller.
Oder:
Lest mit verteilten Rollen: Sprecher oder Sprecherin, Bäuerin und Bauer.

eine Geschichte in Szenen darstellen;
über Streit, seine Ursachen und mögliche Lösungen
sprechen; formulieren, was man mag und was nicht

Ohne Regeln

Sami ist erst vor acht Wochen in die Klasse gekommen. Er spricht noch nicht gut Deutsch. Einige Kinder lachen manchmal über ihn. Gestern haben Benno und Ole in der Pause Sami nicht auf die Schaukel gelassen und ihn ganz gemein beschimpft. Aber Sami traut sich nicht, darüber im Klassenrat zu sprechen.

1 Sprecht über Samis Situation.

Szene 1
Der Streit an der Schaukel

2 Spielt die Geschichte in den drei Szenen. Überlegt, wie viele Personen mitspielen und was die Personen wollen.
Oder:
Denkt euch selbst aus, wie die Geschichte nach dem Streit an der Schaukel weitergeht.

Szene 2
Sami erzählt Britta und Nils von seiner Angst

3 Jede Gruppe schreibt den Text zu ihren Szenen auf. Schreibt den Namen der Person auf und das, was sie sagt.

Szene 3
Britta und Nils sprechen mit Benno und Ole

Szene 2
Britta: Sami, was ist denn mit dir los?
Sami: Die lassen mich nicht schaukeln!
Nils: Wer denn?
…

4 Fast alle Kinder haben Pausen in der Schule gerne. Was gefällt dir an der Pause?

5 Wenn euch etwas nicht gefällt: Wie könnt ihr es für eure Klasse ändern?

Das gefällt mir an unseren Pausen
Mit Minh und Dirk Korbball spielen.

Das gefällt mir nicht
Joshua stört dauernd beim Korbball.

geht's nicht

*Regeln für den Klassenrat aufstellen;
Streitlösungen notieren;
Rollenspiel: Klassenratssitzung*

Der Klassenrat

Im Klassenrat kommen alle Kinder zusammen.
Ein Klassenrat ist dafür verantwortlich, dass sich alle wohl fühlen.
Im Klassenrat können gemeinsame Wünsche besprochen werden.
Wenn es zu Streit kommt, kann er versuchen für Frieden zu sorgen.

1 Damit euer Klassenrat funktioniert, müsst ihr überlegen:
– Wie oft soll der Klassenrat zusammenkommen?
– Wer übernimmt die Gesprächsführung?
– Welche Gesprächsregeln gelten?
– Was geschieht, wenn Kinder anderer Klassen, zum Beispiel an einem Streit, beteiligt sind?
– Soll es Strafen geben, wenn jemand mutwillig gegen Regeln verstößt?

2 Schreibt auf einem großen Blatt Papier auf, wie euer Klassenrat arbeiten soll.

Die Kinder in Samis Klasse wollen den Streit im Klassenrat besprechen. Vorher haben sie ihre Meinungen auf Zetteln notiert.

Meinst du, die können was über uns beschließen?

Benno und Ole sollen eine Woche Schaukelverbot bekommen.

Sie sollen auf den Besinnungsstuhl. Jeder soll darüber nachdenken, warum er das getan hat und wie er das wieder in Ordnung bringen kann.

Sami, Ole und Benno sollen ...

der Kreis
der Streit
der Frieden
die Strafe

anfangen
lösen
schlagen
stoßen
wählen
streiten
denken
freundlich
böse

Seite 152

3 Schreibe deine Meinung zu dem Streit auf einen Zettel.
Lest einander eure Zettel vor und sprecht über die Streitlösungen.
Oder:
Spielt eine Klassenratssitzung mit Benno und Ole.
Besprecht, ob die beiden Jungen bestraft werden sollen.
Überlegt eine Begründung.

4 Regeln, die bei uns gelten

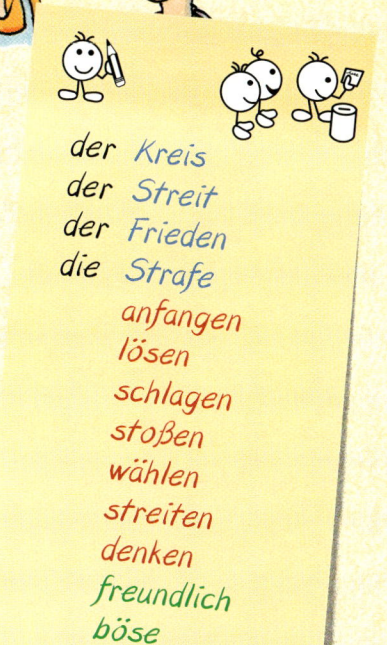

selbst ein Fest planen;
überlegen, wobei Hilfe nötig ist und wer helfen könnte;
einen Brief schreiben

Wir planen

Post für die Klasse 3 b

Münster, 12.9.

Liebe Kinder,
es wird Zeit, unser Schulfest zu planen. Der Festausschuss schlägt vor, dass wir die vielen Nationen an unserer Schule vorstellen. Jede Klasse soll zwei Angebote vorbereiten:
– mit den Eltern einen Stand aufbauen und betreuen,
– mit der Klasse einen Auftritt einüben.
Ihr habt vier Wochen Zeit euch etwas zu überlegen.
Ich bitte um viele Vorschläge.
Viele Grüße
Eure Rektorin Ruth Werner

Arbeitsplan für das Schulfest

Was ist zu tun?	Wer ist verantwortlich?
Märchen „Der entflohene Vogel" in Szenen einteilen	alle Kinder
Märchen einstudieren	Hasan, Ole und Conny
Musik für die Märchenaufführung auswählen	Sami und Frau Tenstedt
Bastelanleitung für ein Freundschaftsherz besorgen	Teresa und Paul
Brief an die Eltern entwerfen und schreiben	alle Kinder
Brief an die Rektorin schreiben	Robert und Susanne
Basteltisch betreuen	Eltern

1 Schreibe den Brief der Klasse 3b an ihre Rektorin. Berichte darin über die Angebote, die die Klasse für das Schulfest vorbereitet.

2 Macht eigene Vorschläge für ein „Fest der Nationen" oder für ein anderes Fest.

3 Schreibt einen Arbeitsplan wie die Klasse 3b.

4 Setzt euch in Gruppen zusammen und entwerft einen Brief an eure Eltern.
Bittet sie darin, euch bei den Festvorbereitungen zu helfen.
Diese Angaben soll euer Brief enthalten:
– Datum, Anrede,
– was ihr vorhabt,
– wann und wo das Fest stattfindet,
– eure Bitte an die Eltern,
– Dank und Gruß.

ein Fest

*nach Textvorlage Szenen und Personen darstellen;
Bilder und Texte zu den Szenen entwerfen,
als Spielvorlage nutzen; vorbegrifflich wörtliche Rede
kennen lernen; Wortfeld: sagen*

① Der entflohene Vogel

Ein Diener hatte den wunderschönen Kanarienvogel seines Königs entfliegen lassen. Der König wollte den Diener fortjagen. Dieser weinte und bettelte. Schließlich sagte der König: „Gut, wenn du mir zwei Fragen beantworten kannst, darfst du bleiben. Miss bis morgen aus, wie weit es von hier bis zum Himmel ist. Dann sage mir noch, aus wie vielen Steinen mein Palast gebaut ist."

② Weinend klagte der Diener einem alten Freund seine Not. Der tröstete ihn und gab ihm einen guten Rat. ...

1 Spielt die ersten beiden Szenen. (Wie viele Personen spielen mit, was sagen die Personen, wie bewegen sie sich ...?)

2 Male zu jeder Szene ein Bild. Schreibe in Sprechblasen dazu, was die Personen sagen.

③ Am nächsten Morgen findet im Schloss folgendes Gespräch zwischen dem König und seinem Diener statt:

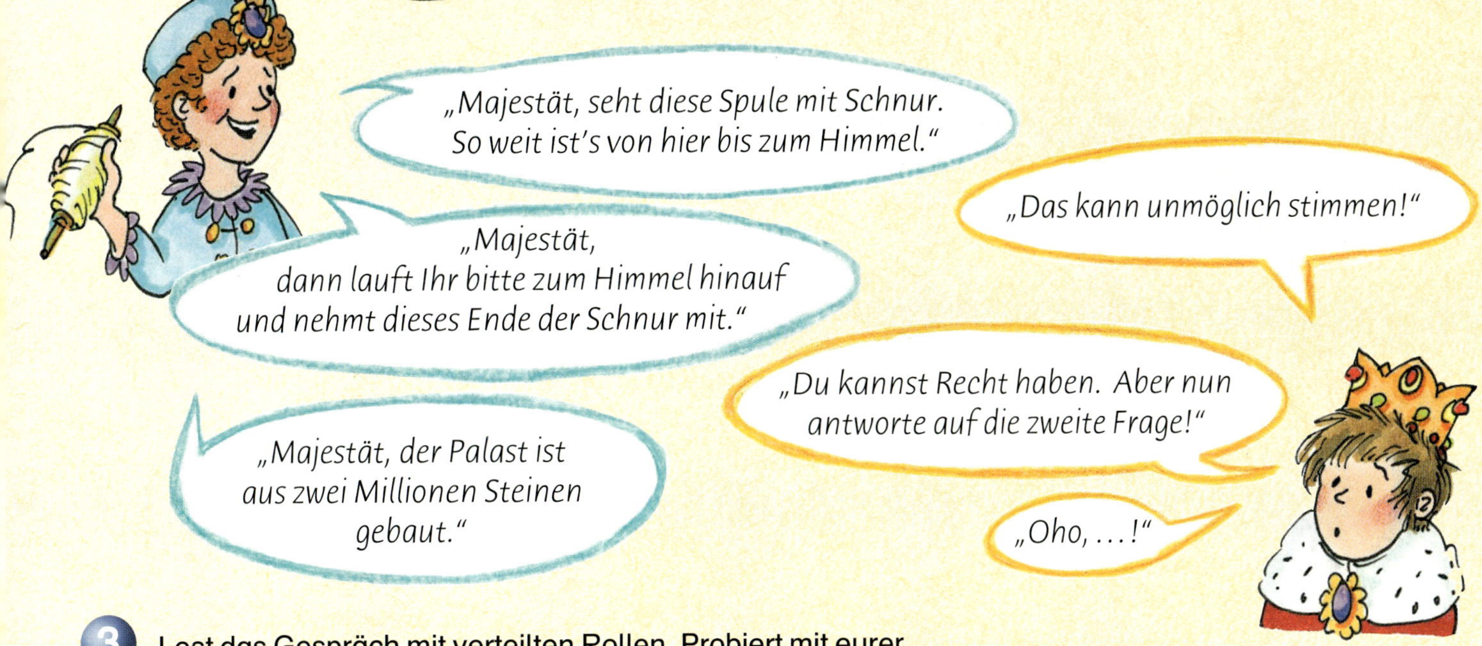

„Majestät, seht diese Spule mit Schnur. So weit ist's von hier bis zum Himmel."

„Das kann unmöglich stimmen!"

„Majestät, dann lauft Ihr bitte zum Himmel hinauf und nehmt dieses Ende der Schnur mit."

„Du kannst Recht haben. Aber nun antworte auf die zweite Frage!"

„Majestät, der Palast ist aus zwei Millionen Steinen gebaut."

„Oho, ...!"

3 Lest das Gespräch mit verteilten Rollen. Probiert mit eurer Stimme aus, wie die Personen sprechen sollen.

4 Schreibe das Gespräch auf. Du kannst es verlängern oder verändern. Gib durch ein passendes Wort an, wie die Personen miteinander sprechen sollen. Was die Personen sprechen, musst du in Anführungszeichen setzen.

Der Diener sagt: „..."
Der König ruft: „..."

sagen:
schimpfen, sprechen, flüstern, drohen, schreien, rufen, fragen, meinen, antworten, stottern, jammern, ...

13

zu einem Bild erzählen; Ideen für ein eigenes Fest sammeln; Landesnamen und Flaggen erkennen, damit ein Spiel ausdenken

Wir feiern ein

1 An vielen Ständen kannst du Länder-Flaggen erkennen. Male sie in dein Heft. Finde heraus, zu welchen Ländern die Flaggen gehören. Schreibe die Namen zu deinen Zeichnungen.

2 Erkundet, wie einige Ländernamen in der dortigen Landessprache lauten. Mit den Ländernamen, den Flaggen, Hauptstädten … könnt ihr Spiele herstellen:
– Quiz,
– Memory,
– Domino.

Fest der Nationen

Grüße, Wünsche, kleine Nachrichten verfassen und in einem Freundschaftsherz verschenken

Wann?	Was?	Wer?	Wo?
15:00	Tänze aus Vietnam	1b	Halle
15:00	USA: Indianerlieder	4a	Aula
15:30	Elefantenreise	2b	Halle
15:30	Märchenspiel	3b	Aula
16:00	Fallschirm-Weltkugel	4b	Halle
16:00	Indische Modenschau	1a	Aula
16:30	Lebendiges Bilderbuch	3a	Halle
16:30	Bauchtanz	2a	Aula
17:00	Lieder aus aller Welt	alle	Halle

Märchenzelt

Ich muss eben meinen Teller spülen!

Paella

der gelbe Sack

der Ball

lesen lernen französisch

die Sonne

Kasse — Sprudel 20 Pf

Orientalischer Zauberer um 16.00 Uhr auf der Wiese!

16.00 Uhr Ufuk der Zauberer

Kommst du mit zur Halle?

zum Essensstand

Spülmobil

Ein Freundschaftsherz basteln!

das Fest
das Herz
das Papier
der Gruß
das Land
das Märchen
feiern
basteln
grüßen
schenken
tanzen
schneiden
schreiben
bunt
lustig
fröhlich

Seite 153

1 Die Kinder in Schweden verschenken ein Freundschaftsherz, wenn sie jemand eine Freude machen wollen. Sie schreiben liebe Grüße, Wünsche und kleine Nachrichten auf einen Zettel, der in das Herz gesteckt wird. Überlege, wem du ein Freundschaftsherz schenken willst.

Lollipop

1 Welches Fest wollt ihr feiern: ein Herbstfest, ein internationales Fest, ein Zauberfest, ein Laternenfest ...? Gestaltet ein Plakat.

Ein echter Zaubertrick

Ufuk, der Zauberer aus der Türkei, verblüfft alle Zuschauer. Niemand sieht, dass er einen fein gerollten, fleischfarbenen Faden zwischen Daumen und Zeigefinger der linken Hand versteckt. Einen gleichen Faden lässt er anzünden. Etwas Asche fängt er auf und reibt sie in die linke Hand. Dazu spricht er den Zauberspruch: „ ..." und zieht den heilen Faden hervor.

2 Denke dir passende Zaubersprüche aus und schreibe sie auf.
Übe den Trick, bis er gut klappt.
Sage einen deiner Zaubersprüche dazu auswendig auf.

3 Wenn ich zaubern könnte ...

... würde ich mir Inlineskates zaubern und jeden Nachmittag nach der Schule damit fahren.

... würde ich alle Kaninchen, die aus dem Zauberhut kommen, frei lassen.

... würde ich mir eine Freundin zaubern, mit der ich ...

Von Sonne, Wind und Wolken

Stellt euch vor,
ihr liegt im Sommer auf der Decke.
Die Wärme macht euch etwas müde.
Die Augen blinzeln und schauen zum Himmel.
Was ist denn das?
Fliegen da nicht die verrücktesten Tiere
durch die Luft?

über das subjektive Wetterempfinden erzählen;
aus Zeitungen Wetterbilder sammeln

Mit dem Wetter

Das Eis ist super! Endlich können wir die Schlittschuhe rausholen.

Unwetter fegt über Norddeutschland

1 Alle denken an das Wetter.
Doch jeder empfindet es anders.

<u>Das Wetter</u>
Die Surferin denkt: ...

*Eis und Schnee
Die Kinder denken: „..."
Die Autofahrer / Fußgänger denken: „..."
Sonne und Hitze
Wind und Sturm*

2 Sammelt aus Zeitungen Nachrichten und Bilder, die mit dem Wetter zu tun haben. Legt damit eine Wandzeitung an.

3 Denke dir Überschriften zu den Bildern auf dieser Seite aus.

kann man was erleben

Wetter-Erlebnisse erzählen; einen Text abschreiben; Texte planen: Wörtersammlung; Schreibwerkstatt

Svenja hat sich an ein Erlebnis mit dem Wetter erinnert und Wörter gesammelt. Nicht alle Wörter hat sie in ihrem Text verwenden können.

Bademeister – Schwimmbad – Freundin – verstecken – Trillerpfeife – Sommer – Wolken – blitzen – tauchen – Wetter – Umkleideraum

Im Schwimmbad

Es war ein heißer Tag im Sommer. Darum gingen meine Freundin und ich ins Schwimmbad. Plötzlich kamen dicke Wolken. Schon blitzte und donnerte es. Wir bekamen richtig Angst und rannten in den Umkleideraum. Da versteckten wir uns, bis das Gewitter vorbei war.

Svenja

1. Schreibe Svenjas Text ab. Unterstreiche die Wörter, die Svenja aus ihrer Wörtersammlung verwenden konnte.

2. Überlege dir weitere Wörter, die zur blauen oder gelben Wörterkette passen.

3. Erinnere dich an ein besonderes Erlebnis, das du mit dem Wetter hattest.
Lege eine Wörtersammlung an.
Kennzeichne die Wörterkette für deinen Text.
Oder:
Lege zu einem der Bilder auf der linken Seite eine Wörtersammlung an.

4. Schreibe deine Wetter-Geschichte. Versuche viele Wörter aus deiner Wörtersammlung zu verwenden.

5. Lest einander eure Texte vor. Sprecht über Sätze und Wörter, die euch gefallen haben.

das Gewitter
der Blitz
die Wolke
das Fahrrad
blitzen
donnern
rennen
sie ging
heiß
dick
richtig
vorbei
plötzlich

Seite 154

Informationen über die Sonne besprechen;
mit dem Thermometer Temperaturen messen;
Messergebnisse in eine Tabelle eintragen

Von Sonne,

Die Sonne hat im Inneren eine Temperatur von 15 Millionen Grad.
An ihrer Oberfläche sind es 5 900 Grad.

Wasser, das siedet, ist 100 Grad heiß.

Die Sonne ist von der Erde 150 Millionen km entfernt.
Für diese Strecke braucht das Sonnenlicht etwa 8 Minuten.

Die Sonne hat einen Durchmesser von etwa 1 400 000 km.

Wenn 109 Planeten wie unsere Erde in einer Reihe nebeneinander liegen, sind sie genauso dick wie die Sonne.

Ein Auto, das mit Tempo 100 fährt, braucht für 150 Millionen km etwas mehr als 171 Jahre.

1 Die Texte von zwei Strahlen gehören immer zusammen. Suche die Textpaare und schreibe sie auf.
Die mächtige Sonne

2 Bringt verschiedene Thermometer mit ins Klassenzimmer. Beschreibt, wie man sie ablesen kann.

3 Messt die Temperaturen der Luft im Klassenraum am Boden und möglichst weit oben. Messt auf dem Schulhof im Schatten und in der Sonne.

4 Stellt eine Dose mit Wasser und eine Dose mit Erde über Nacht an einen kühlen Ort. Am nächsten Morgen kommen sie auf die sonnige Fensterbank.

5 Beobachtet, wie sich Erde und Wasser in den Dosen erwärmen. Notiert die Temperaturen in einer Tabelle.

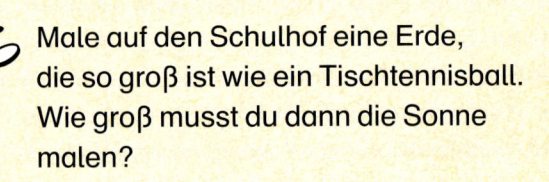

Male auf den Schulhof eine Erde, die so groß ist wie ein Tischtennisball. Wie groß musst du dann die Sonne malen?

Zeit	Sand/Erde	Wasser
30 Min.	Grad	Grad
60 Min.		
90 Min.		
120 Min.		
150 Min.		

Licht und Wärme

einen Rätseltext entschlüsseln und eine passende Überschrift dazu finden; Wortart Adjektiv wiederholen; Texte mit Adjektiven verfassen

1. Sie ist schon viele Milliarden Jahre alt. 2. So lange strahlt sie ohne Pause. 3. Wie ein riesiges Feuer gibt sie der Erde Licht und Wärme. 4. Ohne sie gäbe es keine Pflanzen, Tiere und Menschen auf der Erde. 5. Es wäre dunkel und bitterkalt auf unserem Planeten.

Ohne die Sonne geht es nicht

Die totale Sonnenfinsternis

Wie Tag und Nacht entstehen

1 Lest einander den Text in der Sonnenscheibe vor. Wer ist „sie"?

2 Überlege, welche Überschrift zu dem Text in der Sonnenscheibe passt. Schreibe den Text mit der passenden Überschrift auf.

Heute ist ein … Tag.
Es weht ein … Wind.
Das Thermometer zeigt eine … Temperatur.
Darum muss ich … Kleidung anziehen.
Ich nehme mir einen … Pullover und eine … Hose.
Wie findest du mich in meinen … Sachen?

luftige
heißer
kurze
sommerlichen
leichter
hohe
dünnen

lange
stürmischer
warme
winterlichen
kalter
dicken
niedrige

Farid

Johanna

3 Was sagt Farid? Was sagt Johanna? Setze die richtigen Adjektive ein.

4 Schreibe den Text einmal für Farid und einmal für Johanna auf. Unterstreiche die Adjektive grün.

Adjektive (Wiewörter)
beschreiben, wie etwas oder wie jemand ist:
bitterkalt, sommerlich, warm.

→ Ah. S. 7

einen Sachtext zur Entstehung von Wind besprechen; einen Versuch durchführen und das Ergebnis interpretieren

Vom milden Lufthauch

Die Sonnenstrahlen erwärmen den Boden schneller als das Wasser. Daher wird auch die Luft über dem Land schneller warm als die Luft über dem Meer. Die warme Luft steigt nach oben. Dorthin, wo sie war, strömt von den Seiten kühlere Luft. Die Luft bewegt sich, Wind entsteht.

1 Hoch oben am Himmel ist die Luft kälter als unten am Boden.

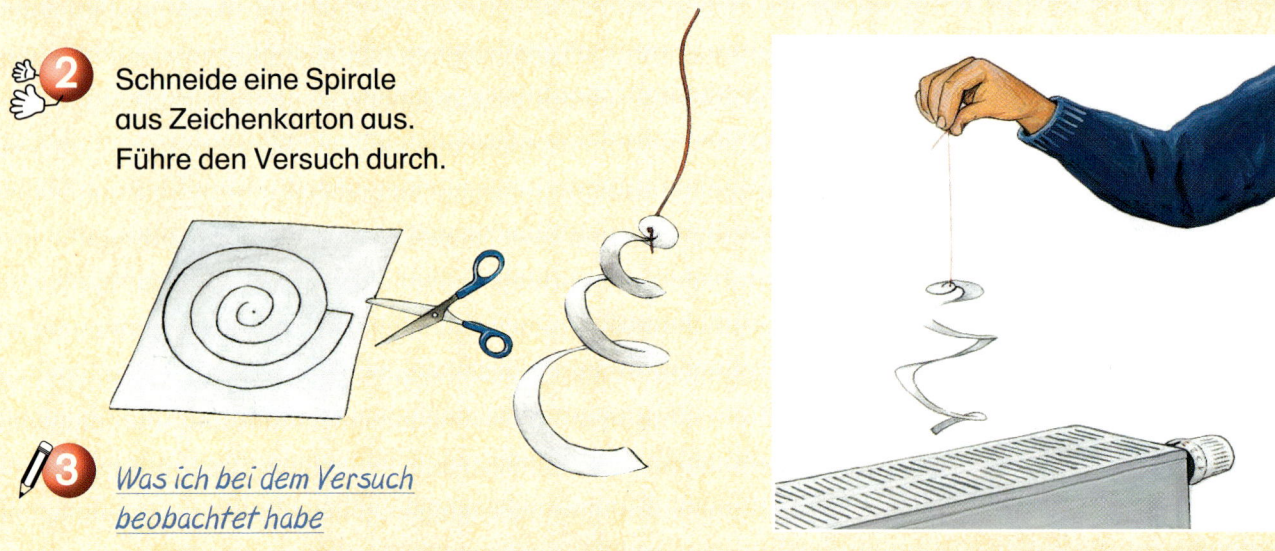

2 Schneide eine Spirale aus Zeichenkarton aus. Führe den Versuch durch.

3 Was ich bei dem Versuch beobachtet habe

4 Wind ist bewegte Luft. Wind kann viele Namen haben. Suche aus dem Bild die Namen der Windarten und schreibe sie auf.

und wilden Sturm

Wortart Verb im Zusammenhang mit Texten über den Wind wiederholen; Verben nach Lautstärke ordnen; aus Fragen und Antworten eine Geschichte konstruieren

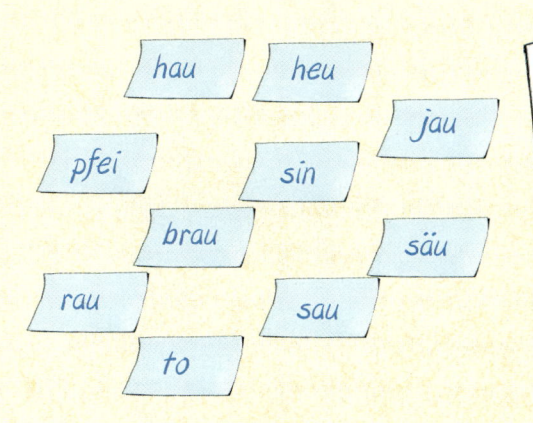

Kärtchen: hau, heu, jau, pfei, sin, brau, säu, rau, sau, to

Der Wind kennt viele Sprachen.
Er kann ...
und ...
und ...
und ...
und ...
und auch schweigen.

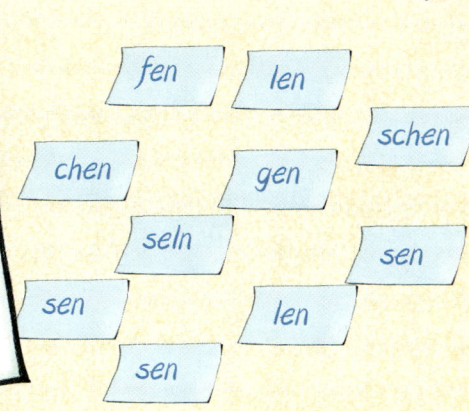

Kärtchen: fen, len, schen, chen, gen, seln, sen, sen, len, sen

1 Immer zwei Kärtchen bilden ein Verb. Schreibe mit den Verben ein Gedicht.

2 Manchmal beginnt der Wind ganz leise und wird immer lauter.
Ordne die Verben von leise zu laut.
Oder:
Spielt mit den Verben ein Wörter-Bingo.

> Wörter, die sagen, was jemand tut oder was geschieht, nennt man **Verben (Tunwörter):**
> Der Wind *pfeift*.

Wie nennen die Menschen in Amerika manche Stürme?

Bald hießen bei den Mexikanern die Stürme nur noch „Hunrakan". Die Menschen in Amerika sind dabei geblieben. Sie nennen manche Stürme „Hurrikan".

Hunrakan war ein Riese, der die Stürme machte. Wenn seine Nase kitzelte, dann nießte er. Bei „Ha" entstanden hohe Wellen. Und bei „tschi" überschwemmten die Wellen das Land. Ein „Hatschi" brachte nur einen leichten Sturm. Aber viele „Hatschis" brachten gewaltige Stürme.

Wie entstanden die Stürme?

Dieses Sternbild hat verschiedene Namen. Es heißt „Großer Bär" oder „Großer Wagen". Die Mexikaner nannten es früher „Hunrakan".

Welche Namen hat das Sternbild?

3 Zu jeder Frage passt eine Antwort. Wenn du die Antworten in der richtigen Reihenfolge liest, entsteht eine Geschichte.

4 Male den Riesen Hunrakan. Schreibe in das Bild diese **oder** eine eigene Geschichte von dem Riesen.

den Wasserkreislauf in der Natur anhand eines Sachtextes besprechen; eine Versuchsanordnung überlegen, den Versuch durchführen und beschreiben

Von Wolken

Kommt der Regen von der Erde?

Die **Sonne** erwärmt das **Wasser** auf der Erde. Eben war die Regenpfütze noch auf der Straße. Jetzt ist sie weg. Das Wasser ist **verdunstet**. Aus dem flüssigen Wasser ist unsichtbarer **Wasserdampf** geworden.
Der Wasserdampf steigt mit der warmen Luft in die Höhe. In der Höhe ist es kalt. Hier **kondensiert** der unsichtbare Wasserdampf: Es entstehen **winzig kleine Wassertröpfchen**. Unzählig viele Wassertröpfchen sind dann als **Wolken** zu sehen.

Die Wassertröpfchen werden größer und schwerer. Die Wolken sehen dichter und dunkler aus. Schließlich fällt **Niederschlag**: Regen, Hagel oder Schnee.
Der Niederschlag versickert als **Wasser im Boden**, ist **in Pflanzen, Flüssen, Seen** oder **Meeren**. Ein Teil des Wassers wird wieder von der Sonne erwärmt …

1 Verfolgt den Weg des Wassers. Besprecht, welcher Textabschnitt zu welchem Puzzleteil gehört.

2 Überlege dir einen Versuch, bei dem man die Reise des Wassers im Kleinen sieht. Du kannst folgende Teile benutzen:

und Regen

spielerisch die Bedeutung von Verben aus dem Wortfeld „regnen" erkunden; einen Lückentext ergänzen; Wörter nach Wortarten ordnen; nach Vorgaben Texte schreiben: Textanfang

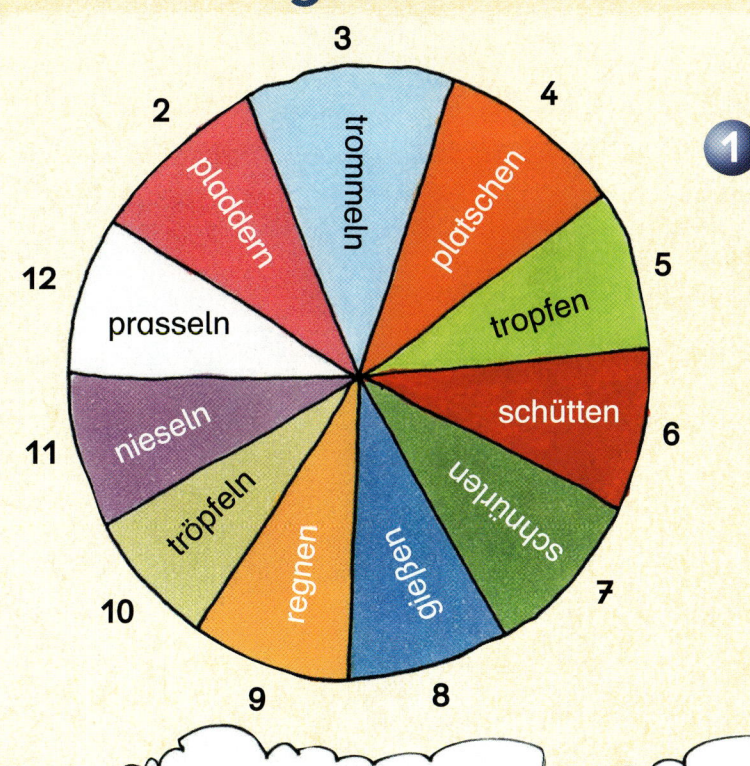

Glücksrad (2–12): trommeln, platschen, tropfen, schütten, schnürlen, gießen, regnen, tröpfeln, nieseln, prasseln, pladdern

1 Vier bis sechs Kinder bilden eine Gruppe. Würfelt reihum mit zwei Würfeln. Wer zum Beispiel eine „7" würfelt, muss den anderen erklären oder vorspielen, was „schnürlen" ist.

Ein Regenschauer
Plötzlich bedecken dunkle Wolken den Himmel. Gleich wird es … Schon … dicke Tropfen herab. Sie … gegen die Fenster und … auf die Straße. Es … in Strömen. Doch bald ist der Schauer vorbei. Zuerst … es noch ein bisschen, dann scheint schon wieder die Sonne.

2 Schreibe die Sätze ab und setze passende Regen-Verben ein.

dunkel Pfütze sauer
(pladdern) nass Feuer
scheinen sitzen Wolke
Wasser gießen heiß Baum
regnen trocken nieseln
kühl diesig feucht triefen
Schirm spritzen Tropfen
Matsch

3 Schreibe nur die Wörter auf, die mit dem Regen zu tun haben. Ordne nach Nomen, Verben und Adjektiven.

4 Manchmal regnet es ununterbrochen. Trotzdem kann man viel erleben.
<u>Mein Regenprogramm</u>

Einmal hatten wir Dauerregen. Zuerst ärgerte ich mich. Aber dann …

Ich finde es toll, wenn es regnet. Dann habe ich Zeit um …

Es regnet schon drei Tage. Doch mich stört das nicht. Ich treffe mich mit meiner Freundin …

sich informieren, wie eine Wetterkarte entsteht; Wetterwerte über längere Zeit mit Hilfe einer Wettertafel protokollieren

Das Wetter heute

Wie wird das Wetter morgen?
Satelliten senden aus dem Weltraum täglich viele Bilder, auf denen die Wolkenfelder über der Erde gut zu sehen sind. Wenn man die Bilder vergleicht, kann man erkennen, wie sich die Wolken verändern.
Zusätzlich liefern zahlreiche Stationen auf dem Boden Messwerte: Wie hoch ist die Temperatur der Luft? Wo regnet es gerade? Wie stark und aus welcher Richtung weht der Wind? …
Wissenschaftler – sie heißen Meteorologen – erarbeiten aus diesen Informationen eine Vorhersage, wie sich das Wetter in den nächsten Tagen entwickeln könnte.
Nach ihren Angaben entstehen Wetterkarten.

1 Wettervorhersage – wer braucht die schon?

2 Sammelt vom gleichen Tag Wetterberichte und Wetterkarten aus Zeitungen. Vergleicht sie.
Oder:
Nehmt aus dem Radio oder Fernsehen Berichte auf.

3 Das Wetter vorauszusagen ist nicht so einfach. Einfacher ist es, jeden Tag zu notieren, wie das Wetter ist. Bastelt eine Wettertafel. Sie könnte so oder auch anders aussehen.

Erklärungen
- sonnig
- heiter
- wolkig
- bedeckt
- Regen
- Schauer
- Schnee
- Nebel
- Hagel
- Gewitter
- windstill
- windig
- stürmisch

26

und morgen

Übungswörter in einem Text entschlüsseln; zu Bildern Texte mit Adjektiven schreiben; Adjektive mit -ig und -lich bilden; Rechtschreibhilfe: Wortverlängerung

Das Wetter in Deutschland

Das regnerische Wetter bleibt fast überall bestehen. Im Norden ist es nass und trüb. Im Osten gibt es heftigen Dauerregen. Nur im Süden ist das Wetter heiter und sonnig. Die Temperaturen liegen zwischen kühlen 14 Grad im Norden und warmen 24 Grad im Westen. Es weht ein schwacher Wind aus Nordost.

> das Wetter
> der Norden
> der Osten
> der Süden
> der Westen
> der Wind
> bleiben
> liegen
> wehen
> kühl
> nass
> trüb
> warm
> fast
> Seite 155

1 Manche Wörter stehen spiegelverkehrt. Entschlüssle die Wörter und schreibe den Wetterbericht vollständig ab. Kontrolliere mit dem Wörterspeicher.

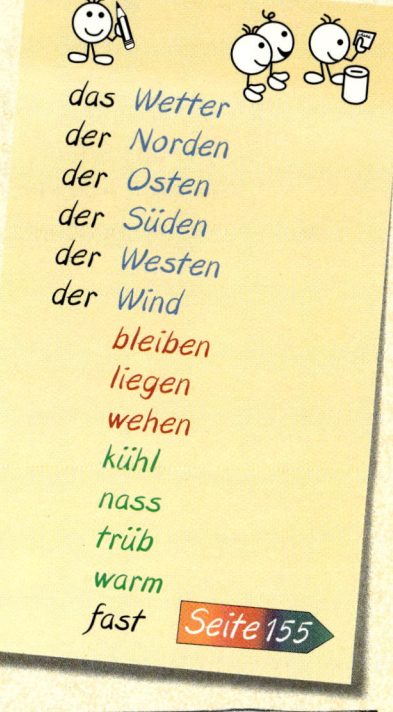

2 Jedes Bild zeigt eine bestimmte Jahreszeit. Schreibe den Namen der Jahreszeit auf und Adjektive, die zu dem Wetter passen. Welche Jahreszeit fehlt? Ergänze.

> sommerlich, kalt, mild, klar, frostig, wolkig, sonnig, feucht, nass, freundlich, windig, wolkenlos, winterlich, trüb, warm, kühl, stürmisch, regnerisch, bedeckt, herbstlich, neblig, gewittrig, heiter, bewölkt, …

3 Schreibe aus dem Kasten die Adjektive heraus, die mit **-ig** oder **-lich** enden. Schreibe dahinter das Nomen, das sich darin jeweils versteckt.

Wörter mit -ig
frostig, der Frost

Wörter mit -lich
winterlich, der Winter

Süden, Luft, Westen, Eis, Schatten, Kraft, Osten, Tag

4 Probiere es nun umgekehrt. Verwandle die Nomen mit Hilfe von **-ig** und **-lich** in Adjektive. Schreibe so:

Adjektive mit -ig und -lich
das Eis – der eisige Wind, …

Oder:
Bilde Sätze mit den Adjektiven.

Lollipop

1 Gehe hinaus und spüre,
wie das Wetter heute ist.
Notiere Adjektive, die das
Wetter beschreiben.
Schreibe mit ihnen ein Gedicht.

kalt, feucht, stürmisch

Ich spüre
den feuchten Nebel,
die kalte Luft,
den stürmischen Wind.
Ich friere.

Segelboote
Drachen fliegen
Herbststurm
Blätter wirbeln
durch die Luft
Kalt und ungemütlich
Windkraft

2 Zum Wind gehören viele Wörter.
Schreibe sie untereinander.
Überlege dir ein Wort, das zu allen
anderen passt.
Schreibe dieses Wort als
„Unterschrift" unter deinen Text.
Solche Texte kannst du auch über
die Sonne, den Regen oder die
Wolken schreiben.

Wetterwörter

Sonne ☀ soleil ☀ sun ☀ słońce ☀ güneş ☀ солнце ...

3 Finde heraus, wie das Wort **Sonne**
in anderen Sprachen lautet.
Baue ein „Vielsprachenwort".
Versuche es auch mit anderen
Wetterwörtern.
Zum Beispiel: Regen, Schnee,
Wolke, Sturm ...
Oder:
Male ein Wort oder mehrere
Wörter besonders schön.

Wir werden immer größer

Wo und wie wachsen Babys, bis sie auf die Welt kommen? Früher hat man sich dafür verschiedene Geschichten ausgedacht. Welche könnte mit diesem Bild gemeint sein?

von Erinnerungen aus der Kleinkindzeit erzählen;
Unterschiede zu heute herausstellen und auflisten;
eine Ausstellung aufbauen

Kinder werden

In der Familie Erikson wird es bald ein zweites Kind geben. Das Baby soll in vier Wochen zur Welt kommen. Deshalb kaufen die Eriksons in letzter Zeit Babysachen ein und räumen in der Wohnung um. Im Kinderzimmer wird wieder der Wickelplatz eingerichtet. Der kleine Babykorb kommt ins Zimmer der Eltern. Die Kommode wird für Babysachen ausgeräumt. Dabei hilft Jan.

Das hat dir mal gepasst!

1 Was hat sich bei euch verändert, als ihr größer und älter wurdet?

2 Vergleiche für dich früher und heute. Was kannst du alles herausfinden? Frage deine Eltern.

3 Bringt Babyfotos von euch mit. Ratet, wer auf den Bildern zu sehen ist.
Oder:
Bringt Kleidungsstücke, Spielzeug und Fotos aus der Zeit mit, als ihr noch ganz klein wart.

Name:	früher (als Baby, 1 Jahr)	heute
Größe	......cm	......cm
Gewicht	......kg	......kg
Haarfarbe	......	......
Lieblings-essen		
Lieblings-wörter		
...		

Manchmal

manchmal
kriech ich
in mich hinein
und bin
ganz klein

doch irgendwann
komm ich
wieder raus
und wachse
über mich
hinaus

Claudia Höly

1 Jahr   2 Jahre   3 Jahre   4 Jahre

1, 2, 3 ...

immer größer

Sprachvarianten erkunden: Babysprache; chronologische Abläufe in Texten darstellen; vorbegrifflich Zeitstufen erfahren; Zahlwörter üben; ein Leporello gestalten

Jans 1. Geburtstag
Das war ein aufregender Tag für Jan.
So viele Besucher kamen und brachten Geschenke mit.
Davon gefiel ihm eine kleine Plüschente am besten.
Das war „Wawa".
Alle kleinen Tiere heißen momentan „Wawa".

1 Welche Wörter hattest du in deiner Babysprache? Sammle sie in einer Liste. Schreibe die Erklärung daneben.

2 Vergleicht eure Listen. Welche Wörter sind gleich oder ähnlich, welche klingen komisch …?

1992 Ich bin da!
1993
1994 Mama liest mir eine Geschichte vor und ich höre zu.
1996 Ich tanze als Fee im Ballett.
1997
1998 Ich komme zur Schule und freue mich.

Mein Leben — Kalender von Josephine

das Baby
das Fahrrad
springen
zählen
eins
zwei
drei
vier
fünf
sechs
sieben
acht
neun

3 Bis du in die Schule kamst, hast du viel gelernt. Bastle ein Leporello.
Du brauchst für jedes Jahr ein Foto von dir.
Oder:
Schreibe auf, was Jan gelernt hat:
Das hat Jan gelernt
Mit etwa einem Jahr hat Jan laufen gelernt.
…

5 Jahre  
6 Jahre 
7 Jahre
8 Jahre  
9 Jahre

31

sich informieren, wie ein Baby im Bauch der Mutter wächst

Ein neuer Mensch

Das Baby wächst im Bauch der Mutter.
Die Zeit bis zur Geburt des Babys nennt man
Schwangerschaft. Sie dauert etwa 9 Monate.

1. Monat Das neue Leben ist nur eine winzige Kugel im Bauch der Mutter, so groß wie ein Stecknadelkopf.

2. Monat Das Baby wächst. Es ist so groß wie eine Walnuss. Finger, Nase, Mund, Ohren, Arme und Beine entwickeln sich. Das Herz beginnt zu schlagen.

3. Monat [...] el, es macht [...]gen [...]hen.

4. M[...]

[...] Fäust[...]eln.

5. M[...]

[...]ss

[...]irt,
[...]k-
li[...] [...]gefähr 25 cm.

6. Monat [...] werden auch die winzigen Fingernägel und Zehennägel härter. Das Baby nimmt zu und wird rundlicher.

7. Monat Das Baby öffnet die Augen. Es wächst noch weiter. Es misst etwa 40 cm.

8. Monat Nun ist das Baby so groß, dass es die Beine und Arme anziehen muss.

9. Monat Es wird eng im Bauch der Mutter. Mit dem Kopf nach unten wartet das Baby auf die Geburt.

Bei der **Geburt** verlässt das Baby den Bauch der Mutter.
Dabei müssen sich beide ganz schön anstrengen.
Nach der Geburt beginnt das Baby zu atmen. Es kann sofort saugen.

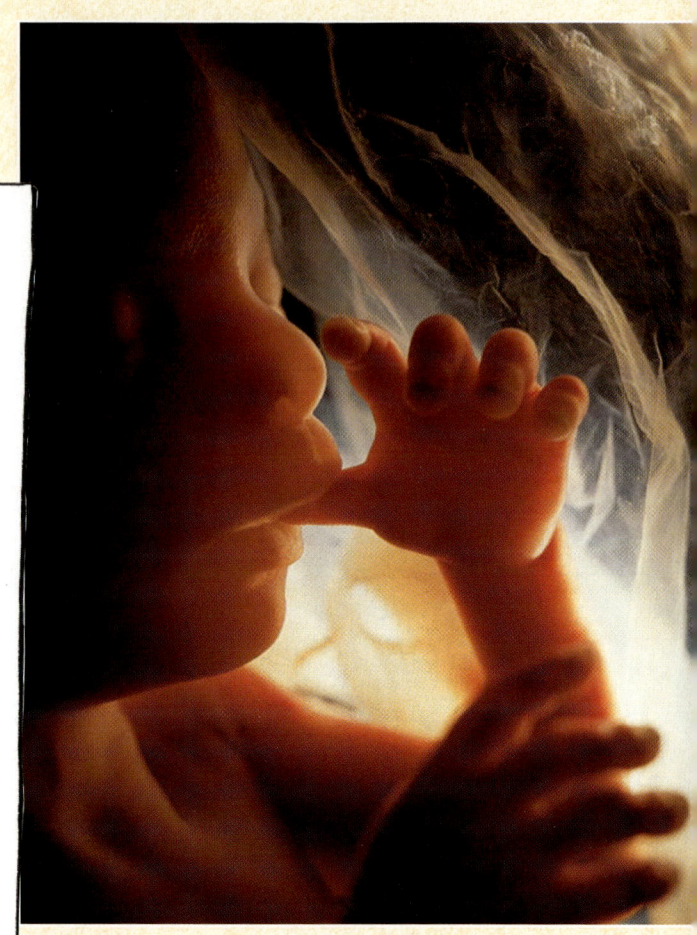

(handschriftliche Notiz auf Zettel:)
21 W.
173 W. → 90 W. (Anzahl halbiert)
29 W.
↓
normaler Fehlerspiegel

Abschriftdiktat

1 Wie wächst das Baby im Bauch der Mutter? Zeichne die Größen auf einen Bogen Papier und schreibe das Alter dazu. Erkundige dich, wie groß du bei der Geburt warst, und trage diese Zahl für den 9. Monat ein.

Wieso haben alle Menschen einen Bauchnabel?

32

wächst heran

Verben aus Texten herausschreiben; spielerisch Wortstamm und Endung von Verben kennen lernen; Verbformen in Sätzen anwenden

1 Das kann das Baby im Bauch der Mutter: *wachsen, sich bewegen, Purzelbäume machen, ...*

Wörter-Stecktafel

wachsen	öffnen	es hört
ich öffne	es bewegt	ich höre
hören	ich bewege	es wächst
bewegen	ich wachse	es öffnet

der Mensch
wachsen
sich bewegen
öffnen
sich anstrengen
liegen
pflegen
schreien
fertig
still
eng

Seite 156

2 In der Stecktafel sind die Karten durcheinander geraten. Immer drei gehören zusammen. Schreibe die richtigen Dreier-Reihen. Unterstreiche, was gleich bleibt. Achtung: Es gibt eine Ausnahme.
Drei gehören zusammen
hören – ich höre – es hört, ...

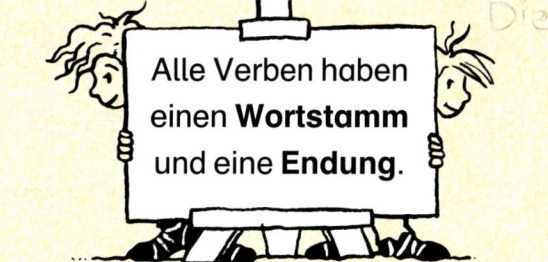

Alle Verben haben einen **Wortstamm** und eine **Endung**.

Eine Verb-Schablone basteln

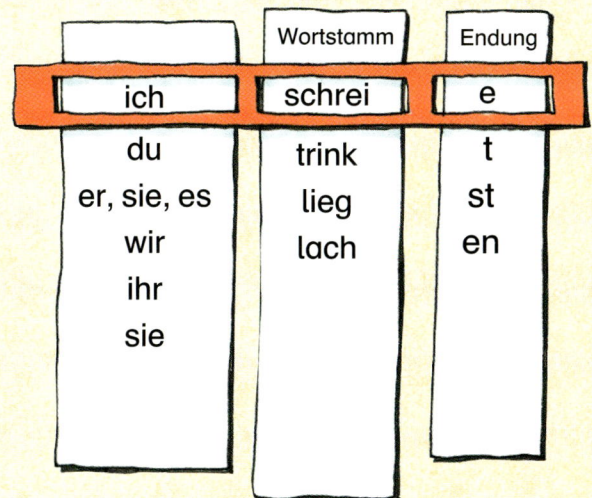

	Wortstamm	Endung
ich	schrei	e
du	trink	t
er, sie, es	lieg	st
wir	lach	en
ihr		
sie		

3 Bastelt eine Schablone mit drei Fenstern. Beschriftet drei Papierstreifen. Mit der Schablone könnt ihr nun verschiedene Verbformen bilden.

4 Schreibe mit deinen Verbformen Sätze:
Ich trinke gern Milch zum Frühstück.
Du trinkst lieber Kakao ...

darüber sprechen, was ein Baby braucht, damit es ihm gut geht

Endlich ist

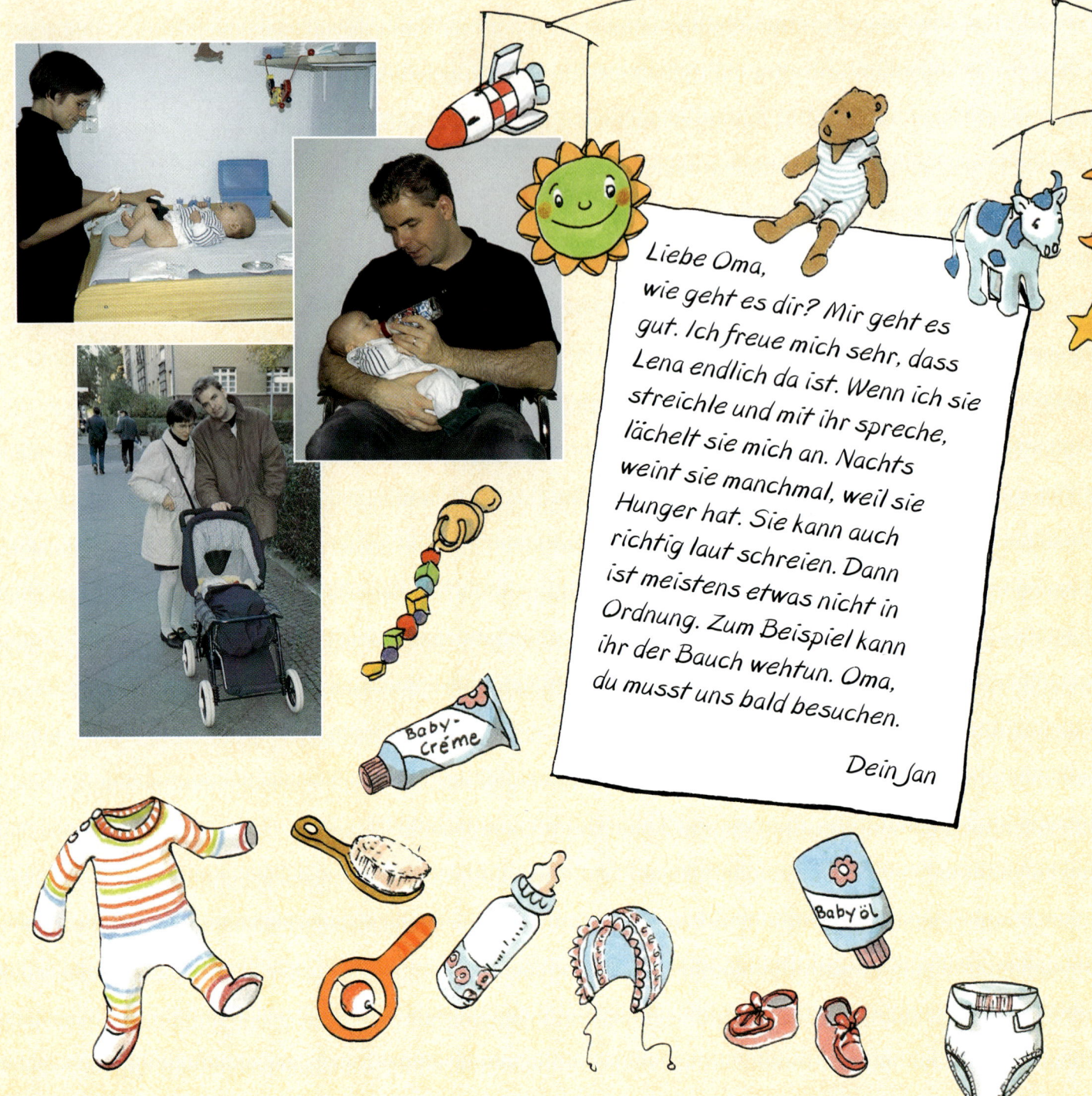

Liebe Oma,

wie geht es dir? Mir geht es gut. Ich freue mich sehr, dass Lena endlich da ist. Wenn ich sie streichle und mit ihr spreche, lächelt sie mich an. Nachts weint sie manchmal, weil sie Hunger hat. Sie kann auch richtig laut schreien. Dann ist meistens etwas nicht in Ordnung. Zum Beispiel kann ihr der Bauch wehtun. Oma, du musst uns bald besuchen.

Dein Jan

1 Wie kann man einem Baby zeigen, dass man es lieb hat?

2 Wie kann ein Baby zeigen, ob es sich wohl oder unwohl fühlt?

3 Schau dir die Bilder an. Überlege, was gebraucht wird, damit Lena gut versorgt werden kann.
Das braucht Lena
Eine weiche Bürste: Mit der Bürste wird ihr Haar gekämmt. Baby-Öl: Mit dem Öl ...
Oder:
Was Lena nicht alleine kann

34

das Baby da

in Nomen versteckte Verben entdecken und in der Grundform notieren; in Texten und spielerisch; Personalformen kennen lernen und üben

Versteckte Verben

Beißring	Laufställchen
Tragetuch	Babybadewanne
Autositz	Pflegeöl
Spieluhr	Trinkbecher
Regencape	Schlafsack

1 Schreibe die Verben in der Grundform auf. Überprüfe mit der Wörterliste hinten im Buch.
Versteckte Verben
Babybadewanne – baden, ...

sagen • füttern • schreien • frühstücken • können • heben • schlafen • sprechen • wecken

Morgens um 4 Uhr

Lena ... Ihr Geschrei ... Mama und Papa.
„Unsere kleine Lena hat Hunger", ... Mama.
„**Ich** ... sie. **Du** ... noch ein bisschen schlafen."
Sie ... Lena aus dem Bettchen und ... lieb mit ihr.
Später ... **sie** noch ein bisschen.
Papa steht um 6.30 Uhr auf.
Er ... Mama und mich. Dann ... **wir** gemeinsam.
Bevor ich zur Schule gehe, verabschiede ich mich von Lena.

2 Setze die Verben in der richtigen Form ein. Schreibe den Text vollständig auf.

3 Welche Personen sind mit den fett gedruckten Wörtern gemeint?

> Alle Verben haben eine **Grundform** und verschiedene **Personalformen**:
> *pflegen*: ich *pflege*, du *pflegst*, er/sie/es *pflegt*, wir *pflegen*, ihr *pflegt*, sie *pflegen*.

4 Personalformen würfeln

Das wird gebraucht: Linienblätter, Blatt mit Verben, Wörterliste, 2 Chips, Würfel.
So wird gespielt:

ich – du – er, sie, es – wir – ihr – sie

- Sucht Verben in der Wörterliste.
- Schreibt sie in der Grundform auf ein DIN-A4-Blatt.
- Legt das Blatt mit den Verben in etwa einen Meter Entfernung auf den Boden.
- Lasst nun die Chips hüpfen, bis einer auf einem Wort landet.
- Würfelt reihum und schreibt von diesem Verb die Personalformen auf.

*ein Gespräch mit verteilten Rollen vortragen;
sich über Fieber und Erkältungskrankheiten informieren;
von Arztbesuchen berichten*

Manchmal werden

Sina fühlt sich nicht wohl. Die Lehrerin ruft Sinas Vater an.

Zu Hause wird gleich Fieber gemessen.

Am Nachmittag geht Sina mit ihrem Vater zur Ärztin.

Ärztin: Du hast eine Erkältung und gehörst ins Bett.
Vater: Und ich habe dir noch gesagt: „Zieh draußen die blaue Jacke an …"
Sina: Mir war aber nicht kalt.
Ärztin: Also, nur von der Kälte kannst du auch nicht krank werden. Es gibt winzig kleine Krankheitserreger. Sie heißen Viren. Die Viren kommen zum Beispiel in die Nase oder den Mund. Dein Körper wehrt sich gegen die Viren. Wenn du aber ausgekühlt bist, dann werden die Abwehrkräfte schwächer. Die Viren siegen und die Erkältung ist da.
Sina: Das Fieber soll aber weggehen!
Ärztin: Du fühlst dich sicher bald wieder besser. Aber jetzt bekämpft dein Körper die Viren mit viel Wärme. Das ist das Fieber. Und wenn dir die Nase läuft, dann werden die Viren weggespült. Trink viel, damit du genug Flüssigkeit in dir hast.
Vater: Und was sollen wir tun, wenn das Fieber ansteigt?
Ärztin: Wenn eine höhere Temperatur länger anhält oder das Fieber über 40 Grad steigt, ist ärztliche Hilfe nötig. Jetzt empfehle ich erst einmal einige Hausmittel zur Behandlung.

1 Lest das Gespräch mit verteilten Rollen vor.
Oder:
Spielt die ganze Geschichte von Anfang an.

2 Beschreibe, wie die Ärztin oder der Arzt dich einmal untersucht hat.

3 Bringt Fieberthermometer mit und messt eure Körpertemperatur. Schreibt die Ergebnisse in eine Tabelle.

Was sind „Hausmittel", die bei Erkältung helfen?

Kinder krank

Gespräche führen zum Thema „Kranksein"; Texte planen: Wörtersammlung mit Nomen, Verben, Adjektiven; verwürfelte Zusammensetzungen ordnen; Wörter mit ng und nk

Kranksein ist doof
Ich war zwei Wochen krank, weil ich eine schlimme Erkältung hatte. Fast die ganze Zeit lag ich im Bett und hatte Fieber. Das Fieber wollte nicht sinken. Dann bekam ich noch eine Halsentzündung. Es ging mir richtig schlecht. Ich habe viel geschlafen. Hunger hatte ich kaum. Mama hat meinen Lieblingspudding gekocht. Aber der schmeckte mir nicht. Ich musste viel Tee trinken.
Weil die Krankheit ansteckend war, durfte mich niemand besuchen. Papa hat mir ein Pferdebuch geschenkt. Dann war mir nicht mehr so langweilig. Ich war froh, als ich wieder gesund war.

Sina

1 Was sagt Sina über das Kranksein? Wie war es bei euch, als ihr einmal krank wart?

2 Hier sind sieben Dinge verschlüsselt, die Sina brauchte, als sie krank war. Setze die Nomen wieder richtig zusammen.

KRÄUTERLÖFFEL
TEETÜCHER   WÄRMGLAS   FIEBERFLASCHE
WASSERSAFT   TASCHENTEE
HUSTENTHERMOMETER

3 Sammelt auf einem Plakat Wörter, die zu **Kranksein** passen. Ordnet die Wörter so:
Nomen: Erkältung, Husten, ...
Verben: frieren, anstecken, ...
Adjektive: krank, schlapp, ...

4 Schreibe einen Text. In eurer Wörtersammlung findest du passende Wörter.
Als ich einmal krank war
Oder:
Als ich einmal Fieber hatte

5 In Sinas Brief sind jeweils sechs Wörter mit **ng** und mit **nk** enthalten. Schreibe die Wörter heraus.
ng: Erkältung, ...
nk: Kranksein, ...

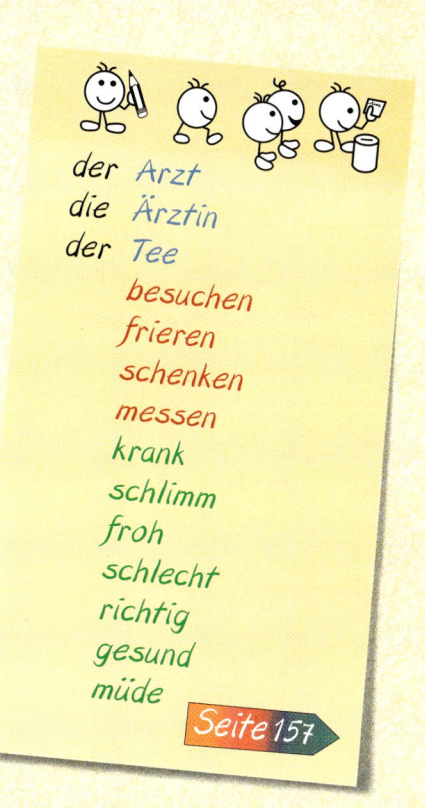

der Arzt
die Ärztin
der Tee
besuchen
frieren
schenken
messen
krank
schlimm
froh
schlecht
richtig
gesund
müde

Seite 157

Beispiele nennen, die die Gesundheit schützen;
Bewegungsübungen in den Schultag einbeziehen

Vorbeugen ist

1 Alle abgebildeten Dinge haben etwas mit Gesundheit zu tun. Immer zwei Bilder gehören zusammen. Findet zu jedem Paar noch weitere Beispiele.

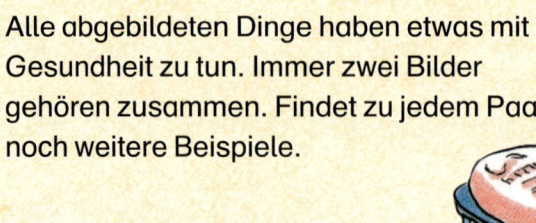

2 Erinnere dich, wie gestern dein Tag abgelaufen ist. Notiere, wann du etwas für deine Gesundheit getan hast.

Mein gesunder Tag
am ...
7 00   Frühstück mit Müsli
7 30   Zähne putzen
10 30 Muntermacher in der Schule

3 Muntermacher für den Schultag
Jetzt ist Bewegungszeit in der Klasse. Jedes Kind schiebt seinen Stuhl zurück und stellt sich so hin, dass es sich gut auf der Stelle bewegen kann.
Ein Kind oder die Lehrerin erzählt eine Geschichte:

Im Abenteuerwald
Es ist ganz still um uns herum. Wir bewegen uns nicht.
Nur so können wir den Eingang zum Abenteuerwald finden ...
Leise gehen wir die ersten Schritte in den Wald.
Heute kommen wir zuerst an eine hohe Mauer.
Wir strecken und recken uns ganz nach oben und ziehen uns hoch.
Hinter der Mauer führt ein schmaler Steg über den See.
Nur wer vorsichtig auf Zehenspitzen tippelt, kommt zum anderen Ufer.
Dort ist es furchtbar kalt. Die Füße sind fest am Boden angefroren.
Wir schütteln uns um warm zu bleiben: die Knie, die Arme, Hände, Finger, den ganzen Körper.
Wenn wir wieder warm sind, kommt ein Zauberer und verwandelt jeden in einen Baum. Der Baum steht einen Moment ganz still und denkt ...

4 Denke dir noch zwei weitere Hindernisse im Abenteuerwald aus und wie man sie überwinden kann. Wie findet ihr wieder den Ausgang?
Oder:
Schreibe eine Bewegungsgeschichte für den nächsten Schultag.

besser

wörtliche Rede und ihre Zeichensetzung kennen lernen; eine Anleitung in Körperbewegungen umsetzen; nach Stichwörtern und Bildern einen Text mit Imperativformen schreiben

Eine sonderbare Geschichte

Julia sitzt vor dem Fernseher. Sie gähnt gerade gelangweilt, da meldet sich eine Stimme aus ihrem Körper: Schluss jetzt, ich brauche frische Luft! Und während sie noch staunt, schimpft eine zweite Stimme: Immer dieses lange Sitzen! Das macht den Rücken krumm! Und eine dritte Stimme ruft: Bewege dich! Du bist ja ganz schlapp! Erschrocken fragt Julia: Wer seid ihr denn? …

1 Wem gehören die Stimmen? Was haben sie wohl noch zu sagen?

2 Spielt in Gruppen die Szene. Denkt euch auch eine Fortsetzung aus.

Die **wörtliche Rede** in einem Text steht in **Anführungszeichen (Redezeichen)**. Oft gibt ein **Begleitsatz** an, wer spricht:

Die Stimme ruft: „Bewege dich!"

3 Schreibt den Text und eure Fortsetzung auf. Was wörtlich gesprochen wird, müsst ihr in Anführungszeichen (Redezeichen) setzen.

Muntermacher für zu Hause

auf alle viere stellen wie eine Katze, den Kopf heben und geradeaus schauen, den Rücken hängen lassen und den Po in die Luft strecken wie eine gut gelaunte Katze

den Rücken hochwölben zu einem Katzenbuckel, den Kopf nach unten hängen lassen

dann wieder von vorn: den Kopf heben, den Rücken senken und den Po hochstrecken …

4 Diese Übung tut gut, wenn dein Rücken müde ist. Übe dreimal hintereinander. Bewege dich dabei ganz langsam. Lege dich zum Schluss ruhig auf den Bauch und entspanne dich. Nun fühlt sich dein Rücken wieder weich und kräftig an.

5 Schreibe für jemanden aus deiner Familie eine Anleitung für diese Übung. Male die Körperhaltung mit auf.
*Die Katzen-Übung
1. Stell dich auf alle viere wie eine Katze. Hebe …*

Lollipop

Die Brabbelberta

Berta Butz begann als Baby
Bald schon mit der Brabbelei.
Babbelnd, brabbelnd sagte Berta:
Bitte, bitte, Baby Brei!
Baby wollte Birnen haben,
Baby babbelt: Bittebitt.
Baby bittet: Baby Breilein,
Baby Birne, Baby Eilein!
Baby macht auch oft Geschreilein.
Und die Mutter macht was mit.
Bribbel, brobbel, brubbel, brabbel,
Brabbelberta, halt den Schnabel!
Brabbelberta gib doch Ruh!
Mach den Brabbelschnabel zu!

James Krüss

1 Lies das Lautgedicht erst langsam, dann immer schneller. Wie schnell schaffst du es, ohne dich zu versprechen? Besonders eindrucksvoll ist es, wenn du das Gedicht auswendig lernst.

Das ist der Schlüssel Pippa-Ponzenpapp

Auf dem Pippa-Ponzenberg wohnt die Pippa-Ponzenfrau.

Die Pippa-Ponzenfrau hat drei Pippa-Ponzentöchter

und die Pippa-Ponzentöchter essen zu dem Pippa-Ponzenberg.

von den Pippa-Ponzentellern mit den Pippa-Ponzenlöffeln.

2 Baue das Lautgedicht zusammen.
Schreibe es auf ein DIN-A4-Blatt und male ein Bild dazu.
Übe das Gedicht ohne Versprecher vorzutragen.
Oder:
Sammle zu einem Laut einen großen Vorrat an Wörtern und erfinde damit ein eigenes Lautgedicht.

zwischen
zwölf
Zwerge
zweifeln
Zwetschgen
zwei
zwitschern
Zwiebeln

Im Wandel der Zeit

Ein Film soll gedreht werden, dessen Handlung vor etwa 100 Jahren spielt. Die Filmemacher haben für eine Szene mit Schulkindern einen Klassenraum hergerichtet. Aber was ist ihnen passiert? Zwölf Dinge sind noch im Bild, die es damals noch gar nicht gegeben hat.

sich mit Bildern und Texten
über frühere Zeiten informieren;
Zeitzeugen befragen, eine Ausstellung aufbauen

1950 war vieles

Tante Hilda erinnert sich

Wir spielten oft vor dem Haus. Bei uns Mädchen war „Ballschule" besonders beliebt: Ein Mädchen war die Lehrerin und die anderen waren die Schülerinnen. Der Ball wurde hin- und hergeworfen. Oder wir zeichneten mit Kreide Wohnungen auf den Bürgersteig und holten unsere Puppen dazu. Wer hatte, brachte Puppenmöbel mit und was man sonst brauchte. Wir spielten Haushalt und besuchten einander. Die Jungen spielten mit. Sie waren die Väter. Aber am liebsten spielten die Jungen Ritter auf dem Gelände hinter der Ruine.

Das erzählt Opa Schmitt

In unserem Haus lebte zwei Jahre lang eine Familie mit drei Kindern in einem einzigen kleinen Zimmer auf dem Dachboden. Es waren Flüchtlinge aus Danzig. Auch in unserer Wohnung war es eng. Ich musste mit meinem Bruder auf einem Klappbett schlafen. Meine Schwester hatte wenigstens ein Bett für sich allein. Viel Platz zum Spielen gab es nicht, da meine Mutter zu Hause arbeitete. Sie änderte Kleider für die Leute im Dorf. Manchmal kaufte sie schönen Stoff und nähte mir etwas zum Anziehen.

① Fragt Erwachsene nach ihren Erinnerungen an frühere Zeiten. Vielleicht können eure Großeltern etwas darüber erzählen. Überlegt vorher gemeinsam, welche Fragen ihr stellen wollt.

② Vergleicht die Fotos und Erinnerungen damit, wie es heute ist.

③ Sammelt Fotos für eine Ausstellung „Früher und heute". Schreibt Erklärungen zu den Fotos.   **Oder:**   Bringt Gegenstände von früher mit.

noch anders

aus Text und Foto Informationen entnehmen; einen Einkaufszettel schreiben; Wörter mit doppelten Mitlauten üben; ein Gedicht gestaltend vortragen und eine Fortsetzung ausdenken

> Ein Mensch ohne Lächeln sollte keinen Laden auftun.

Im Angebot

1 kg	Roggenbrot	0,45
1 l	Vollmilch	0,35
250 g	Butter	1,40
1 kg	Zucker	1,20
	Nussschokolade	1,50
1 kg	Schweinefleisch (Kotelett)	4,30
500 g	Bohnenkaffee gemahlen	14,35
2,5 kg	Speisekartoffeln	0,40
1	Schulheft	0,20
	Toilettenseife	0,50

Pfeffer, Salz, Konserven, Bonbons, Waschpulver, Limonade

1 Das Foto und die Texte können viel über einen Gemischtwarenladen erzählen.

Im Jahr 1950 gab es die Währung Deutsche Mark (DM). 1 Euro (€) ist etwa so viel wert wie 2 DM.

Reimemarkt

Frischer Spinat! Grüner Kopfsalat!
Majoran! Thymian!
Fische! Ganz frische!
Birnen und Trauben!
Strümpfe und Zipfelhauben!
Wir verkaufen hier alles,
was sich reimt!
Wer nicht auf den
Reimemarkt geht,
der hat was versäumt!
Hier gibt es: Butter für die Mutter,
einen Kater für den Vater,
Rinder für die Kinder,
für Otto ein Lotto,
für Hans eine Gans,
für Therese ein Stück Käse,
für Stoffel eine Kartoffel.
...
Friedl Hofbauer

2 Schreibe einen Einkaufszettel mit „gemischten Waren". Notiere nur solche Waren, die mit einem doppelten Mitlaut geschrieben werden. Finde die heutigen Preise dafür heraus.

3 Das Gedicht hat zwei Teile. Probiert den ersten Teil zu lesen wie zwei Händler, die abwechselnd ihre Waren anpreisen.

4 Denke dir eine Fortsetzung für den zweiten Teil aus. Schreibe sie auf.
Oder:
Schreibe einen eigenen Text.

5 Übe deinen Text vorzutragen: allein oder zu zweit.

etwas über die Schule der 50er-Jahre erfahren; Schulbedingungen damals und heute vergleichen

Schule früher, heute

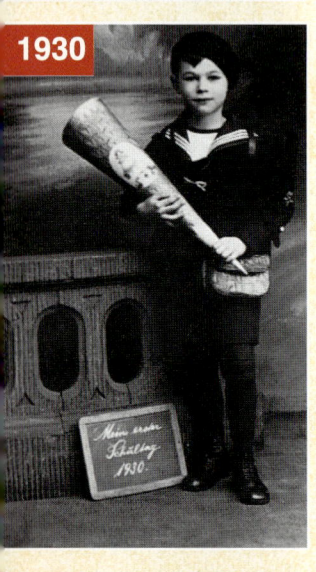

1909

1925

1930

1959

Herr Sprenger erinnert sich

Im Jahr 1956 ging ich in eine Dorfschule. Es gab zu dieser Zeit vier Klassen und nur zwei Lehrer. Deshalb wurden mehr als 50 Kinder gleichzeitig unterrichtet. Wir Drittklässler lernten mit den Erstklässlern zusammen in einem Raum. Auch am Samstag war Unterricht. Die Bänke standen in festen Reihen, sodass wir alle nach vorne schauten. Wir schrieben mit einem Griffel auf Schiefertafeln und wischten alles später mit einem nassen Schwamm wieder aus. Für Hausaufgaben hatten wir Hefte und Bleistifte.
Im Herbst hackten die älteren Kinder Holz auf dem Schulhof. Damit wurde im Winter der große Ofen in der Schulstube geheizt. Wenn es sehr kalt war, mussten die Kinder, die weit weg vom Ofen saßen, ihre Mäntel anbehalten.

Welche Unterrichtsfächer gab es?

Welche Sachen gehörten damals in den Schulranzen?

Wie groß war die Schule?

Wie war der Klassenraum eingerichtet?

Wie viele Kinder gingen in eine Klasse?

1 Herr Sprenger hat Fotos und andere Dinge mitgebracht und dazu erzählt. Schreibe die Fragen und passende Antworten auf.
Dorfschule im Jahr 1956
Wie viele Kinder gingen in eine Klasse?
In eine Klasse gingen ...

2 Findet heraus, ob es in eurer Nähe ein Heimatmuseum oder ein Schulmuseum gibt.

die Stunde
die Reihe
der Plan
der Raum
die Bank
rechnen
turnen
wischen
sie ging
er schrieb
sie las
fleißig
früher

Seite 158/159

und im Jahr 2050

Zeitformen des Verbs kennen lernen und in eigenen Texten verwenden: Gegenwartsform und Vergangenheitsform; Tagebuchtexte und Gespräche in der Zukunft fantasieren

G U = Gesamtunterricht

1 Seit 1956 hat sich in der Schule viel verändert: Unterrichtsfächer, Klassengröße, Schreibzeug, ...
Vergleiche früher mit heute:
Früher schrieben die Kinder mit einem Griffel.
Heute schreiben wir mit einem Füller.
Unterstreiche die Verben rot.

> Verben können angeben, von welcher Zeit erzählt wird:
> *sie* **schreiben** (Gegenwartsform)
> *sie* **schrieben** (Vergangenheitsform).

2 Versuche dir einen Klassenraum im Jahr 2050 vorzustellen.
Male deine Vorstellungen auf.

3 Stell dir vor, du hättest in deinem gemalten Klassenraum Unterricht:
– Wer wird unterrichten?
– Wird es Bücher geben, Hefte?
– Womit wirst du schreiben?
Schreibe darüber einen Tagebuchtext.
Oder:
Denke dir ein Gespräch aus, das du mit Andidu auf dem Lernsofa führst.
Ihr könnt euch auch zu zweit ein Gespräch ausdenken.

Aus dem Tagebuch eines Drittklässlers im Jahr 2050

30. 9. 2050
Seit heute funktionieren die Computer wieder. Schade. Gestern hatten wir bei einer richtigen Lehrerin Unterricht. Das war spannend. Sie erzählte von ihrer Schulzeit. Früher gab es mehr Lehrerinnen als Computer an der Schule. In Weltraumkunde sitzt jetzt Andidu neben mir auf dem Lernsofa. Wenn wir Sport haben, freue ich mich immer auf die Erholungsmassage und den Vitamintrunk.

im Bildvergleich Unterschiede entdecken;
in einem Text Gründe für Veränderungen
eines Ortes finden

Wie sich der Ort

Das Ende des kleinen Bauerndorfs
Über viele hundert Jahre lebten die Moosbacher von der Landwirtschaft. Doch vor etwa 50 Jahren waren die Höfe meist zu klein um ein gutes Einkommen für die Familien zu sichern. Junge Männer und Frauen gingen lieber in die nahe gelegene Stadt zur Arbeit.

Mehr Menschen leben in Moosbach
Kurz nach dem Zweiten Weltkrieg wurden Flüchtlinge in das Dorf gebracht. Einige Familien blieben und fanden später in einer neuen Siedlung eine Wohnung. In den folgenden Jahren zogen immer mehr Menschen aus der nahen Stadt ins Dorf, weil sie hier im Grünen wohnen wollten. Über die gut ausgebauten Straßen oder mit der Bahn erreichten sie schnell ihre Arbeitsplätze oder die Einkaufsmöglichkeiten in der Stadt.

Ausbau des Ortes
Nahe an Moosbach führt eine Autobahn vorbei. Als 1965 dort zwei Raststätten und Tankstellen gebaut wurden, brachte dies dem Ort Arbeitsplätze und Verdienstmöglichkeiten. Immer mehr Betriebe siedelten sich an. Im Ort wurden neue Straßen gebaut und viele Einrichtungen für die Menschen geschaffen.

Moosbach

Jahr	Einwohner
1850	410
1900	360
1925	408
1950	512
1960	601
1970	1147
1980	1549
1990	1940
2000	2358

1 Vergleicht die Bilder und besprecht, welche Veränderungen ihr in Moosbach entdecken könnt.

2 Findet die Gründe heraus, warum der Ort im Lauf der Zeit gewachsen ist.

das Dorf
der Ort
die Stadt
das Feld
die Wohnung
die Bahn
der Bauer
wachsen
sie zog
er blieb
zurück

Moosbach verändert hat

Informationen über den eigenen Wohnort einholen und in einem Steckbrief notieren

1 Erkundet für euren Wohnort oder euren Stadtteil, was sich in den letzten 50 Jahren verändert hat.

Bei der Stadt- oder Ortsverwaltung nachfragen.

Ortsbilder suchen: Ansichtskarten, Kalender ... Ältere Einwohner befragen.

2 Schreibe einen Steckbrief über deinen Wohnort.

Steckbrief von ...
Einwohner:
Wichtige Gebäude:
Freizeitanlagen:
Besonderheiten:

47

aus Sachtexten unterschiedliche Gründe für die Pferdehaltung im Lauf der Jahrhunderte herausfinden, eine Zeitleiste besprechen

Pferde und

*In der **Steinzeit** zeichneten Jäger ihre Beute auf eine Felswand.*

Pferde gab es bereits zu Urzeiten. Sie wurden von den Menschen gejagt und ihr Fleisch wurde gegessen. Später lernten die Menschen Pferde als Haustiere zu halten. Sie züchteten die Tiere um ihre Stärke und Schnelligkeit zu nutzen. So mussten viele Pferde im Krieg den Soldaten als Reit- und Zugtiere dienen, aber die meisten wurden als Arbeitshilfen gebraucht. Heute sind die Pferde bei uns hauptsächlich Reittiere in Sport und Freizeit.

*Für die **Römer** waren die Pferde bei Festen und Wettkämpfen von großer Bedeutung.*

1 Suche einige Beispiele und schreibe einen Text.
Pferde arbeiten seit langer Zeit für die Menschen
Oder:
Pferde im Sport und in der Freizeit

2 Besorgt euch Bücher über
– die Zeit der Römer oder
– die Zeit der Ritter oder
– die Zeit der Indianer.
Schaut nach, wie in den Büchern Pferde gezeigt werden und was über sie geschrieben wird. Stellt eure Ergebnisse in der Klasse vor.

*Im **Mittelalter** wurden die schweren Landpferde gezüchtet. Aber auch die Ritter brauchten starke Kampfrosse.*

Vor etwa 200 Jahren brauchten Reisende mit der Postkutsche von Frankfurt am Main nach Eisenach von Montag früh bis Mittwochabend.

Vor ungefähr 150 Jahren waren in Nordamerika einige Indianerstämme durch ihre Pferde die Herren der Prärie.

48

Menschen

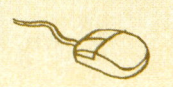

zu einem Text ein Bild malen und die Figuren miteinander sprechen lassen; eine mündlich fabulierte Fortsetzung aufschreiben

Das ist die Geschichte einer engen Freundschaft zwischen Johannes und dem Pferd Mücke:

… Jeden Morgen fuhr der Milchhändler Meikels mit seinem Milchwagen durch die Straßen unseres Stadtviertels. Er klingelte mit seiner Glocke und dann wussten die Leute: Der Milchmann kommt. Aber ich wartete nicht wie die anderen Leute an der Haustür! Ich lief dem Milchfuhrwerk weit entgegen. An der Ecke zur Gerswidastraße erwartete ich das Pferd Mücke. Das Pferd war braun und schon ziemlich alt und außerdem das schönste Pferd der Welt. Wenn Mücke mich an der Ecke stehen sah, hielt sie einfach an, blickte mich erst mit dem rechten Auge an und dann mit dem linken – und dann lächelte die Stute …

Der Milchmann Meikels hob mich auf den Kutschbock und gab mir die Zügel in die Hand. Ich schüttelte dann die Zügel ein bisschen und rief: „Hopp, Mücke!" Und die Stute zog den Milchwagen weiter und die Hufe machten ticke-tacke, ticke-tacke auf dem harten Kopfsteinpflaster …

Jo Pestum

1 Male ein Bild von Johannes, wie er das Pferd Mücke begrüßt. Schreibe auf, was er zu Mücke sagen könnte.
Oder:
Denke dir ein Gespräch aus, das Johannes und der Milchhändler Meikels bei ihrer Fahrt durch die Straßen führen.

2 Eines Tages eröffnete der Milchhändler Meikels ein Ladengeschäft. Er fuhr nie mehr mit dem Fuhrwerk die Milch aus. Was wird Johannes wohl gedacht und gefühlt haben?

3 Schreibe einen Text über die Freundschaft zwischen Johannes und dem Pferd Mücke. Denke dir einen Schluss aus.

Vor etwa 50 Jahren arbeiteten in Deutschland über 1 Million Pferde in der Landwirtschaft. Es gab zu dieser Zeit etwa 140 000 Traktoren.

Heute werden Pferde dort eingesetzt, wo Maschinen oder Autos nicht so gut vorwärts kommen.

LolliPop

Klecksbilder

Klecksbilder entstehen, wenn du mit einem Strohhalm dünnflüssige Farbkleckse verpustest.

Das brauchst du:
Wasserfarben, Strohhalme, Papier mit glatter Oberfläche, Pinsel (für jede Farbe einen)

Das musst du tun:
Lege das Papier auf einen Tisch (Unterlage nicht vergessen!). Rühre mit dem Pinsel und viel Wasser die Farbe an. Träufle mit dem Pinsel ein wenig Farbe auf das Papier. Halte den Strohhalm über den Farbfleck und puste. Die Farbe breitet sich aus und bildet Klecks-Muster. Gut trocknen lassen!

Willi Tintenklecks

Es war einmal ein Tintenklecks, etwa fünf Zentimeter breit und drei Zentimeter hoch. Der lebte mit seinen Eltern in einem alten Schreibheft von 1956. Tagtäglich guckte er auf ein fehlerloses, fein säuberlich geschriebenes Diktat. Diese Aussicht fand Willi zu langweilig. Er wollte in die Welt hinaus. Willis Eltern waren entsetzt. Aber schließlich meinten sie: „So ist die Jugend. Sie will in die modernen Schulhefte mit den bunten Umschlägen." Und schon war Willi weg ...

1 Schreibe eine Abenteuergeschichte mit Willi Tintenklecks.
Oder:
Schreibe eine Geschichte zu deinem Klecksbild.

2 Geschichten aus der Hosentasche

– Die Geschichte vom verstopften Anspitzer
– Die Geschichte vom vergessenen Gummibärchen
– Die Geschichte von der geheimnisvollen Telefonnummer
– Die Geschichte vom uralten Bleistiftstummel
– Die Geschichte ...

Entdeckungsreise zu nahen und fernen Orten

Eine Schwalbe fliegt hoch über der Stadt. Ihr Nest klebt dicht unter der Dachkante eines Hauses, tief unter ihr. Das Haus ist weiß. Es hat ein rotes Dach. Darin gibt es mehrere Dachfenster. Das Haus liegt oberhalb der Autobrücke. Direkt an seiner Rückseite wachsen große Bäume. Zum Fluss ist es nicht weit, etwas mehr als 100 m. Wisst ihr, wohin die Schwalbe fliegt?

mit Hilfe von Fotos, Modellen und Plänen
das eigene Schulgelände darstellen;
Himmelsrichtungen bestimmen

Wie viele Ecken

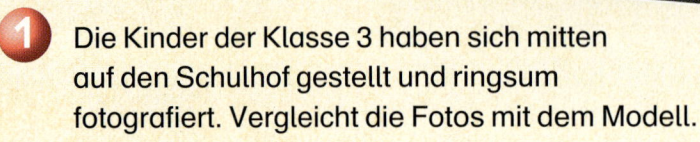

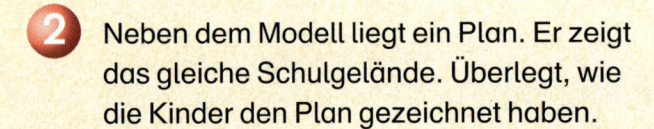

1 Die Kinder der Klasse 3 haben sich mitten auf den Schulhof gestellt und ringsum fotografiert. Vergleicht die Fotos mit dem Modell.

2 Neben dem Modell liegt ein Plan. Er zeigt das gleiche Schulgelände. Überlegt, wie die Kinder den Plan gezeichnet haben.

3 Ein Modell bauen

- Baut aus Pappschachteln, Karton, Tonpapier, Streichhölzern und anderen Dingen Modelle von den Gebäuden oder Anlagen auf eurem Schulgelände.

- Besorgt euch eine große und feste Unterlage (Pappe oder Dämmplatte).

- Geht mit euren Modellteilen auf den Schulhof und sucht einen Platz, von dem ihr einen guten Überblick habt.

- Stellt die Teile richtig auf die Unterlage, so, wie sie in der Wirklichkeit zueinander stehen.

- Schreibt die Abkürzungen N, S, O, W für die Himmelsrichtungen auf die Unterlage.

Wozu wird ein Kompass gebraucht?

Himmelsrichtungen bestimmen
Die Himmelsrichtungen lassen sich am Lauf der Sonne ablesen. Wer diesen Vers auswendig kennt, kann draußen bei gutem Wetter leicht feststellen, wo Süden ist.

*Im Osten geht die Sonne auf,
im Süden ist ihr Mittagslauf,
im Westen will sie untergehen,
im Norden ist sie nie zu sehen.*

Süden ist dort, wo die Sonne ihren höchsten Stand am Himmel hat. Norden liegt dem Süden genau gegenüber.

hat der Schulhof?

Beobachtungen zum Sonnenlauf mit Orts- und Zeitangaben notieren; Sätze gliedern und deren Teile umstellen; Begriff Satzglieder kennen lernen

1 Beobachte den Lauf der Sonne an einem Tag immer vom gleichen Standpunkt aus (zum Beispiel mitten auf dem Schulhof). Beschreibe, wo du die Sonne zu welcher Tageszeit sehen kannst (über welchen Gebäuden, Bäumen ...).

Der Lauf der Sonne
Am Morgen steht die Sonne ... Bis Mittag wandert sie ... Dann hat sie den höchsten Stand erreicht. ... geht sie am Abend unter. ... erreicht die Sonne nie.

2 Ergänze die Sätze. Schreibe jeden Satz auf einen Papierstreifen.

3 Ihr könnt die Sätze auch verändern. Zerschneidet einen Satzstreifen und stellt die Teile immer wieder um. Was bleibt zusammen?

| den | höchsten | Stand | hat |

| sie | Dann | erreicht |

> Ein Satz besteht aus mehreren Teilen. Die Teile, die immer zusammenbleiben, heißen **Satzglieder**. Ein Satzglied kann aus einem Wort oder aus mehreren bestehen.

sich auf einem Beispiel-Ortsplan zurechtfinden;
das Gitternetz zur Lagebeschreibung nutzen;
zum eigenen Wohnort „Plan-Spiele" ausdenken

Wer kennt sich

Unsere Schule

Die Brücke über den Fluss

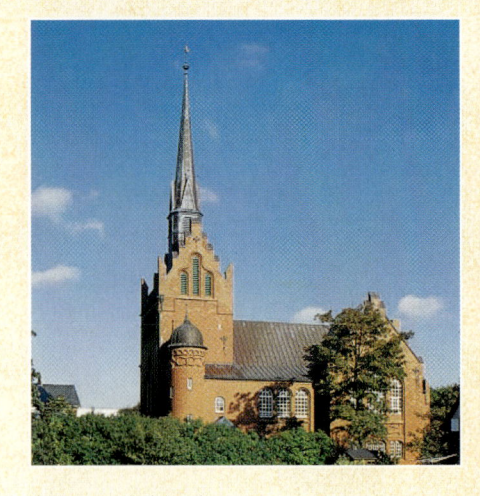

Johanniskirche

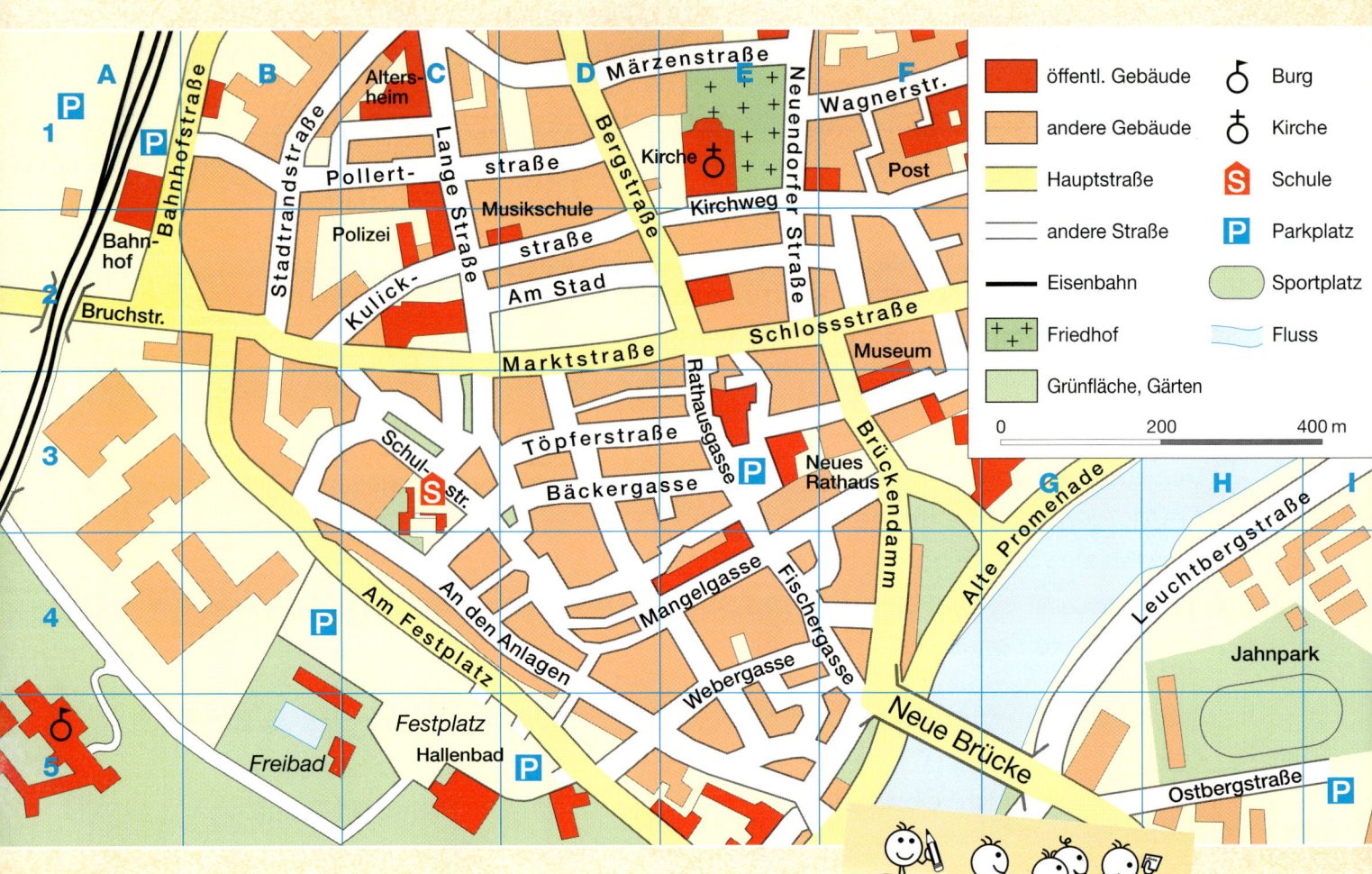

Zeichenerklärung:
- öffentl. Gebäude
- andere Gebäude
- Hauptstraße
- andere Straße
- Eisenbahn
- Friedhof
- Grünfläche, Gärten
- Burg
- Kirche
- Schule
- Parkplatz
- Sportplatz
- Fluss

0   200   400 m

1 Sucht auf dem Plan die Gebäude und Orte, die ihr auf den Fotos seht. Die Zeichenerklärung hilft dabei.

2 Fotografiert in eurem Wohnort wichtige Gebäude. Vielleicht helfen euch die Eltern. Besorgt euch einen Plan und denkt euch mit den Fotos ein Suchspiel aus.

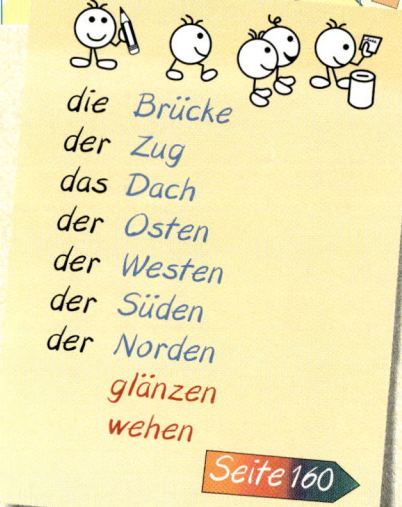

die Brücke
der Zug
das Dach
der Osten
der Westen
der Süden
der Norden
glänzen
wehen

Seite 160

bei uns aus?

*mit Hilfe einer Zeichenerklärung einen Lückentext ergänzen;
Sätze mit einem Satzfächer bauen und aufschreiben;
Großschreibung am Satzanfang/Satzschlusszeichen beachten*

Burg Eisenhardt    Am Bahnhof    Der Friedhof an der Kirche

1 Finde mit Hilfe der Zeichenerklärung die richtigen Wörter heraus und setze sie ein.

Von oben sieht man mehr

Stefanie und Markus sind auf den Turm der ⌂ gestiegen.
Von hier oben schauen sie über die Stadt.
Sie sehen die ▭ und viele ▭ mit roten Dächern.
Der grüne Fleck neben der ⌂ ist der ✚. Am Rand
der Stadt entdecken sie den ◯. Davor glänzt Wasser.
Es ist der ▭, auf dem Boote fahren.

2 **Einen Satzfächer bauen**

Das brauchst du:
Pappstreifen, eine Musterbeutelklammer.

Das musst du tun:
Stelle Kärtchen für einen Satz zusammen.
Schreibe die Teile, die zusammengehören, auf einen Pappstreifen.
Spiele nun mit den Pappstreifen. Schreibe die Möglichkeiten auf,
die du für einen Satz gefunden hast.

auf den Schulhof
gehen
die Kinder

Was Stefanie und Markus vom Turm aus noch sehen:

| ein Zug | in den Bahnhof | fährt | mit vielen Wagen |

| auf dem Sportplatz | bunte Fahnen | wehen |

| Autos | fahren | über den Fluss | auf der Brücke |

3 Bilde mit den Satzgliedern Sätze. Probiere es mit einem Satzfächer. Schreibe deine Sätze.
Denke an die Satzanfänge und Satzschlusszeichen.

Straßennamen

Informationen über alte Handwerksberufe sammeln

Handwerker in der Stadt

Manche Straßennamen erinnern daran, dass früher in einer Stadt viele Handwerker zu Hause waren. Oft hatten mehrere Handwerker aus der gleichen Zunft ihre Werkstätten und Läden in ein und derselben Gasse. So waren die Schmiede wegen der Feuergefahr meist in einer Straße an der Stadtmauer zu finden. Die Gerber brauchten viel Wasser und arbeiteten darum immer in der Nähe eines Flusses.

Handwerkszunft

Handwerker des gleichen Berufs schlossen sich in einer Zunft zusammen: die Bäcker, die Schuhmacher ... Jede Zunft hatte strenge Regeln, nach denen das Handwerk ausgeübt werden musste. Sie legten zum Beispiel fest, wie viele Gesellen und Lehrlinge ein Meister beschäftigen durfte. Es wurden auch die Preise geregelt und die Qualität der Arbeit kontrolliert.

1 Jede Zunft hatte Zeichen. Welche drei Zünfte sind hier gemeint?

Was stellte ein Böttcher her?

2 Auch nach diesen Handwerkern haben Straßen ihren Namen erhalten.

3 Straßen und Plätze werden nicht nur nach Berufen genannt. Findet heraus, welche Gruppen von Straßennamen es in eurem Wohnort oder in einer Stadt in der Nähe gibt.

?	?	?
Fliederweg	Mozartweg	
Holundergasse	Schumannstraße	
Eibenpfad		

erzählen von ...

einen Text in verschiedene Zeitstufen setzen; schwierige Vergangenheitsformen üben; Verben mit ie; Ursprung und Bedeutung von Namen für „Straße" lernen

Zu früher Stunde

Die meisten Menschen in der Bäckergasse ... noch.
Nur ein Meister und sein Lehrjunge ... nicht mehr im Bett.
Die Arbeit ... sie. Sie ... in die Backstube hinab.
Dort ... der Meister zuerst das Feuer im Ofen an.
Inzwischen ... er den Jungen in einem großen
Bottich Mehl und andere Zutaten verkneten.
Immer wieder ... er ihn zur Eile an:
„Fix die kleinen Teigkugeln geformt
und dann ab in den heißen Ofen!
Bald kommt der Bote vom Schloss."
Schon kurze Zeit später ... er an seine Ladentür: ...

schlafen – schliefen
bleiben – blieben
ruft – rief
steigen – stiegen
bläst – blies
lässt – ließ
treibt – trieb
schreibt – schrieben

1 Setze die passenden Verben ein und lies den Text vor. Von welcher Zeit erzählt der Text?

2 Schreibe den Text vollständig auf. Was schreibt der Meister wohl an die Ladentür?

Schwierige Vergangenheitsformen

f◯l   bl◯b   gef◯l   h◯lt   sch◯n
h◯ß   schr◯b   st◯ß   l◯ß

3 Ergänze die fehlenden Buchstaben und schreibe die Wörter auf. Suche in der Wörterliste die passende Grundform dazu:

Vergangenheitsform	Grundform
fiel	fallen

Kleine Wörterkunde

Für „Straße" gibt es im Deutschen viele Namen.
Manche haben ihren Ursprung in anderen Sprachen.
Auch das Wort „Straße" gehört dazu: Es geht zurück auf
das lateinische Wort „strata". Das bedeutet übersetzt
„gepflasterter Weg" oder „Heerstraße". Die Germanen
lernten vor mehr als 900 Jahren von den Römern,
wie man eine „strata" baut. So kam das Wort zu uns.

Aus welcher Sprache stammen diese Wörter: **Allee, Promenade, Chaussee**? Finde heraus, was sie bedeuten.

von eigenen Lieblingsplätzen ein Plakat gestalten

Vom grünen Platz und

Petra ist vom Dorf in die Stadt gezogen. Hier gefällt es ihr überhaupt nicht. Es gibt zu viele Autoschlangen und zu wenig Platz zum Spielen. Dann lernt sie Robert und Hannes aus dem Nachbarhaus kennen. Sie zeigen Petra einen vergessenen Ort.

Der grüne Platz liegt zwischen zwei Häusern. Früher hat dort auch ein Haus gestanden. Jetzt wachsen auf dem Platz Bäume und so viele Büsche, dass man kaum durchkommt. Vorn am Rand steht auf einem Schild: „Betreten verboten". Aber wir gehen trotzdem hin. Roberts Mutter wohnt schon lange in der Straße. Sie sagt, seit über zwanzig Jahren gehört der grüne Platz den Kindern. Dort können wir tun, was wir wollen, und niemand schimpft, wenn wir Krach machen. Sogar ein Baumhaus haben wir, mitten in der großen Buche. Wenn man da oben sitzt, ist rundherum alles grün. Man kann Vogelnester sehen und Katzen schleichen umher und wir müssen aufpassen, dass sie keine jungen Vögel fangen.

1 Lieblingsplätze können ganz verschieden aussehen.

2 Male deinen Lieblingsplatz oder fotografiere ihn.

3 Gestaltet mit euren Bildern ein Plakat.

Unsere Lieblingsplätze

BADEWANNE und SOFA

Am liebsten bin ich im FREIBAD

Auf dem Sportplatz
Ich bin gern auf dem Sportplatz. Da habe ich Fußballtraining. Wenn es heiß ist, nehme ich Geld für Eis mit. Am Stand gibt es Orangeneis.
Lena

Angeln am Fluss
Moritz

Auf unserem Dachboden ist es am besten. Wir haben da eine Bude. Niemand kann uns dort finden.
Britta und Janin

anderen Lieblingsorten

nach Vorgaben einen Text weiterschreiben; mit Hilfe von Fragen einen eigenen Text über Lieblingsorte strukturieren

Unten im Gebüsch haben wir noch eine Hütte. Die hat mein Bruder zusammen mit Robert und Hannes gebaut. Auf dem Boden liegt ein alter Teppich. Ein Tisch und Stühle und ein Radio sind auch da, alles vom Sperrmüll. Das Radio ist kaputt, aber das macht nichts. Es ist sehr gemütlich in unserer Hütte, sogar bei Regen.

Doch seit voriger Woche haben wir Angst. Am Dienstag sind drei Männer auf unserem grünen Platz herumgelaufen. Sie haben davon geredet, dass ...

Irina Korschunow

- An meinem Lieblingsort kann ich ...
- Draußen ist mein Lieblingsort ...
- Ich wünsche mir, dass mein Lieblingsort ...
- Wenn ich traurig bin ...

Hände weg von unserer Hütte

1 Warum haben die Kinder plötzlich Angst?

2 Schreibe auf, wie die Geschichte weitergeht.

3 Beschreibe deinen Lieblingsplatz.
Die Fragen können dir helfen:
– Wo befindet sich der Lieblingsplatz?
– Wie sieht dieser Platz aus?
– Wozu brauche ich diesen Platz?
– Was tue ich dort?
– Wer soll an diesem Ort außer mir noch sein?
– Was wünsche ich mir für meinen Lieblingsplatz?
Oder:
Erträume dir einen Lieblingsplatz.
Lass deiner Fantasie freien Lauf.

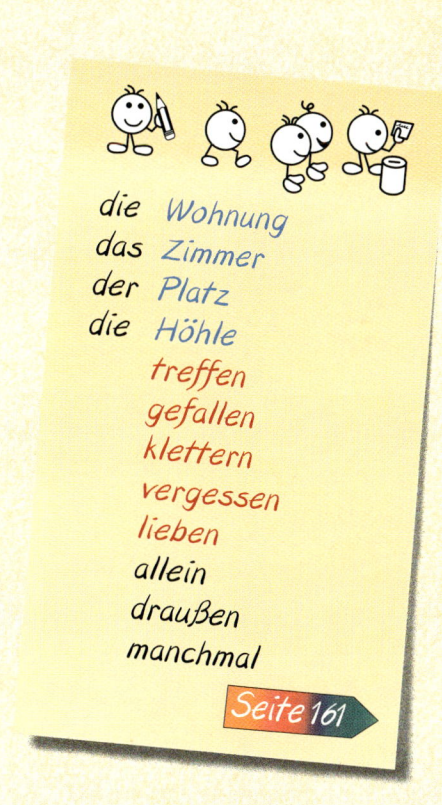

die Wohnung
das Zimmer
der Platz
die Höhle
treffen
gefallen
klettern
vergessen
lieben
allein
draußen
manchmal

Seite 161

Besondere Wohnorte

Person	Wo wohnt sie?	Was tut sie?	Wen trifft sie?	Wie endet die Geschichte?
ein Gespenst	im Bahnhof	spielt Fußball	den Eisverkäufer	Die Wohnung wird abgerissen.

1 Setzt euch in Gruppen zusammen. Nehmt ein Blatt Papier und knickt es zu fünf Spalten. In jede Spalte kommt eine Überschrift.
Dann beginnt ein Kind. Es schreibt in die erste Spalte und knickt diese um. Dann füllt das nächste Kind die zweite Spalte aus ... Zum Schluss wird das Blatt auseinander gefaltet. Versucht mit den Stichwörtern eine Geschichte zu erzählen.

2 Straßen gibt es überall. Wenn du auf ihnen entlanggehst, triffst du auf Menschen, Gebäude, Tiere ...
Stell dir vor, du bist gerade auf der „Via Roma" unterwegs. Plötzlich steht ein ... vor dir. Und schon beginnt eine Abenteuergeschichte ...

Ärgerlich

Schon immer wollten welche
der Erde entfliehen:
Erfinder,
Konstrukteure,
Piloten,
Astronauten –
weit über die Wolken hinaus,
auf den Mond,
tief in den Weltraum hinein.

Und schon immer
waren andere früher dort gewesen:
Fantasten,
Träumer,
Geschichtenerzähler,
Geschichtenleser.

Hans Manz

3 Schreibe das Gedicht in schöner Schrift ab. Male deine Gedanken zu dem Gedicht auf.

Jeder braucht die Hilfe von anderen

In diesem komischen Krankenhaus arbeiten die verschiedensten Ärztinnen und Ärzte.

Findet ihr heraus, welche es sind?

Situationen beschreiben, in denen man auf die Dienste von anderen angewiesen ist; im eigenen Umfeld Dienstleistungseinrichtungen erkunden

Damit der Alltag

Stell dir vor, es würde keine Eisenbahn mehr fahren, kein Bus, niemand käme um den kaputten Fernseher zu reparieren, das Telefon ginge nicht mehr ...
In unserem Alltag würde einiges durcheinander geraten.
Viele Menschen leisten uns daher mit ihrer Arbeit wichtige Dienste. Sie arbeiten in „Dienstleistungsberufen" oder ehrenamtlich in ihrer Freizeit. Für ehrenamtliche Tätigkeiten bekommt man kein Geld.

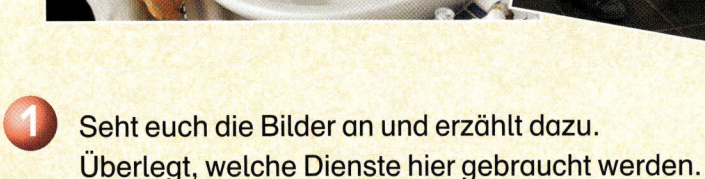

1 Seht euch die Bilder an und erzählt dazu.
Überlegt, welche Dienste hier gebraucht werden.

2 Erkundet, welche Dienste in eurem Ort oder eurem Stadtteil geleistet werden.
Sammelt von diesen Einrichtungen Bilder, Prospekte, Aufkleber, kurze Info-Texte ... und gestaltet damit ein Plakat.
Jeder braucht die Hilfe des anderen

3 „Um den Müll brauche ich mich nicht zu kümmern. Das machen doch die Müllmänner."

gut läuft

Verben in die richtige Personalform setzen; Verben mit Wortbausteinen zusammensetzen; Wörter mit Dehnungs-h üben; vorbegrifflich mit Satzgegenständen und Satzaussagen umgehen

Glück gehabt, Daniel!
Daniel ... mit seinem Fahrrad über die Kreuzung. Er ... die Vorfahrt nicht. Die Autofahrerin ... noch zu bremsen, aber die Stoßstange ihres Autos ... Daniels Hinterrad. Er fällt hin. Zum Glück ... ein Helm seinen Kopf. „Ich habe Sie ...", schluchzt Daniel. „Es ist ja noch einmal gut gegangen", tröstet ihn die Autofahrerin. Daniel ... in der Klasse, was er falsch gemacht hat. Die Lehrerin ... die Verkehrsregeln.

beachten | übersehen | berühren | fahren | erzählen | erklären | versuchen | bedecken

1 Setze die Verben in der richtigen Form ein. Schreibe den Text.

2 Schreibe aus dem Text die Wörter mit **ah, äh, üh, ih** und **eh** heraus. Welche Wörter bilden eine Wortfamilie?

sehen, sehen, sehen

über- | ein-
vor- | nach-
zu- | durch-   **sehen**
an- | aus-

Daniel hat die Autofahrerin ... Daniels Klasse will sich die Verkehrsregeln noch einmal ... Im Straßenverkehr muss man sich immer ... Daniel lässt sein Fahrrad von einem Mechaniker ...

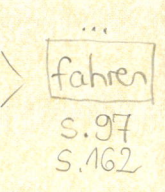

3 Schreibe den Text ab und setze das Verb **sehen** mit den passenden Wortbausteinen ein. Denke dir mit den anderen Verben eigene Sätze aus.

Manchmal kann ein Unfall aber auch so enden:
Die Notärztin | notiert den Unfallhergang.
Der Polizist | fährt das kaputte Fahrzeug in die Werkstatt.
Der Krankenwagenfahrer | versorgt den Verletzten.
Das Abschleppauto | bringt den Verletzten in das Krankenhaus.
Die Feuerwehrleute | räumen die Straße frei.

4 Ordne richtig und schreibe auf, **wer** was zu tun hat. Unterstreiche die Dienste, die hier zusammenarbeiten.

der Verkehr
die Fahrt
das Rad
das Fahrrad
erklären
bremsen
lassen
stürzen
falsch
nächste

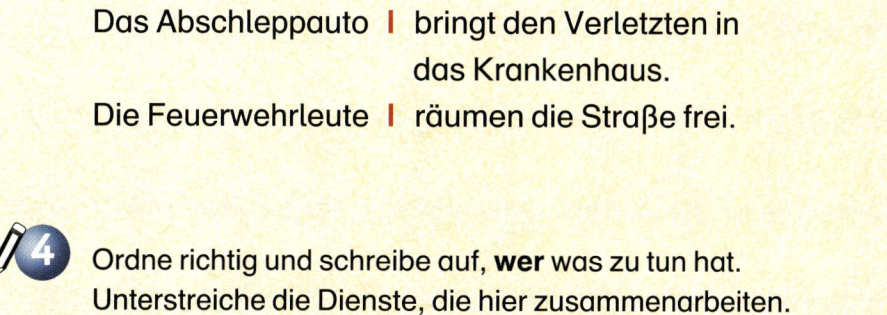

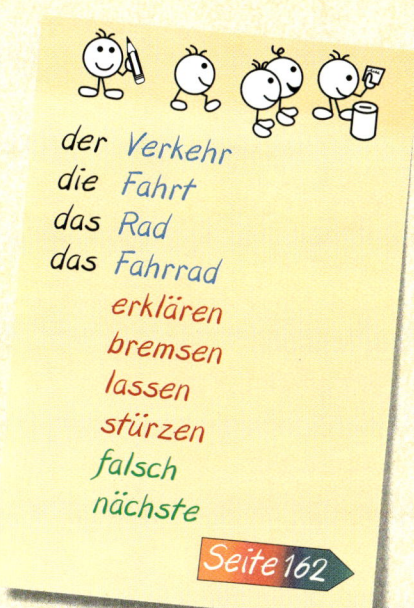

Seite 162

am Beispiel des ASB die Arbeit einer Hilfsorganisation kennen lernen; selbst Informationen einholen

Helfen ist

„Helfen ist unsere Aufgabe." So lautet das Motto des ASB. Dieser Bund wurde 1888 gegründet um Menschen zu helfen, die an ihrer Arbeitsstelle einen Unfall hatten. Seit seiner Gründung wurde der Verein immer größer. Heute gehören in Deutschland etwa 1 Million Menschen dem ASB an. Viele von ihnen helfen in ihrer Freizeit ohne Bezahlung.

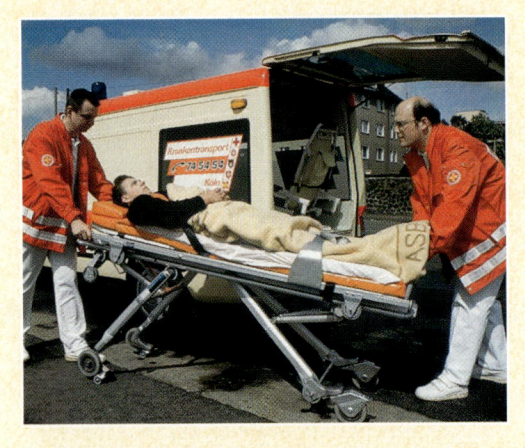

Kranke transportieren

Erste-Hilfe-Kurse geben

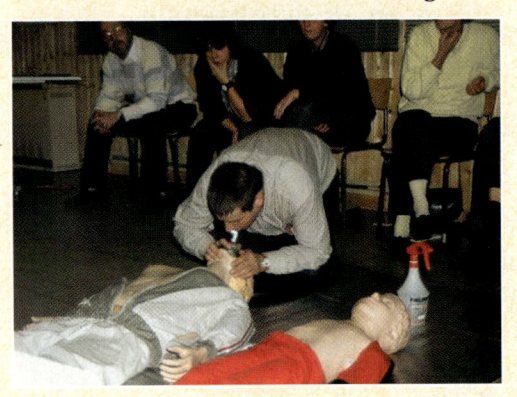

Behinderte transportieren

1 Schreibe einen Sachtext über die Arbeit des ASB. Die Fotos und Stichworte helfen dir dabei.

Was bedeutet das Wort Samariter?

2 Erkundet, ob es in eurer Umgebung einen Verein oder eine Gruppe gibt, die anderen Menschen hilft.

Guten Tag, wir hätten eine Bitte!

Guten Tag, wir kommen aus der Grundschule Waldeck.

- Begrüßung
- Vorstellung
- Bitten vortragen
- Nennen des Grundes
- Verabschieden
- Bedanken

3 Ihr wollt Auskünfte bei einem Verein oder einer Gruppe erhalten. Sammelt Vorschläge, was ihr sagen könnt. Spielt die Szenen und besprecht das Rollenspiel.

Wir sprechen in der Schule über... Könnten wir darüber bitte Material von Ihnen bekommen?

unsere Aufgabe

Überarbeitungstipps für einen Sachtext entwickeln, an fremden und eigenen Texten erproben und verallgemeinern

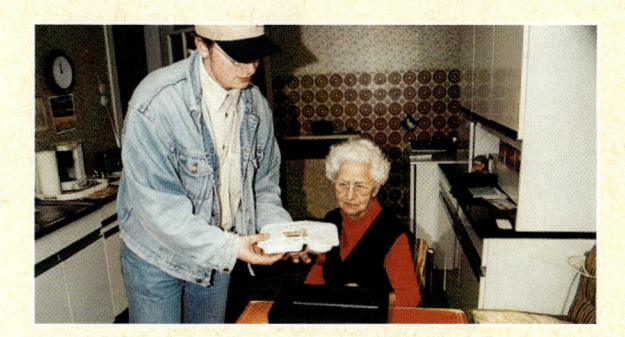

"Essen auf Rädern" bringen 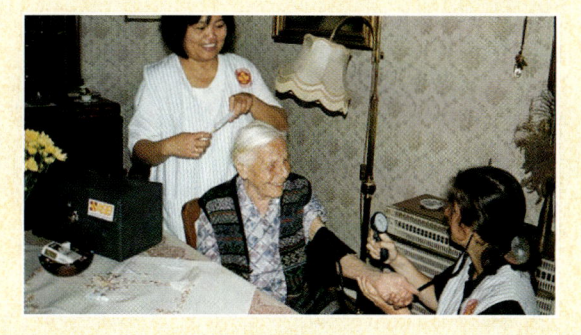 — Menschen zu Hause pflegen

Anja hat ihren überarbeiteten Text über den ASB auf die rechte Heftseite geschrieben:

Der ASB
Der ASB bringt den alten oder kranken Menschen leckeres Essen auf Rädern. Das finde ich gut. Der ASB fährt behinderte Menschen zur Behandlung ins Krankenhaus. Ich habe auch schon mal einen Mann im Rollstuhl gesehen. Der ASB fährt kranke Menschen zur Behandlung ins Krankenhaus. Der Fahrer sieht komisch aus.

Der ASB
Der ASB bringt den alten oder kranken Menschen Essen mit dem Auto.
Es heißt: Essen auf Rädern.
Er fährt kranke Menschen zur Behandlung ins Krankenhaus.
Behinderte Kinder werden jeden Tag in die Schule oder in den Kindergarten gebracht.

1 Welche Tipps hat Anja wohl für ihre Überarbeitung bekommen?

2 Lest euch eure Sachtexte vor und sprecht darüber.
Gebt euch Tipps für die Überarbeitung.

3 Schreibt eure Tipps für einen Sachtext auf ein Plakat oder auf Merkkarten.

4 Überarbeite deinen Text mit Hilfe der Tipps.
Oder:
Schreibe Anjas Text weiter und beachte die Tipps.

Tipps für einen Sachtext

- Benutze verschiedene Satzanfänge durch Umstellen der Teile eines Satzes.
- Schreibe nur wichtige Informationen auf.
- Ersetze Wörter, die sich oft wiederholen.

*über Krankenhauserlebnisse berichten;
Berufe im Krankhaus kennen lernen*

Ein Krankenhaus

Ein Krankenhaus ist wie eine kleine Stadt. Es gibt dort außer den Krankenabteilungen auch Büros, Werkstätten ...
Menschen mit den verschiedensten Berufen arbeiten hier.

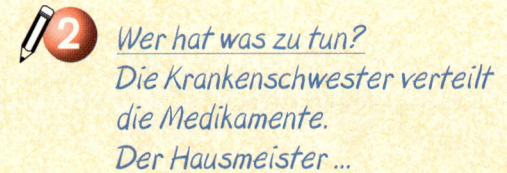

Hausmeister *Arzt*
Krankenschwester

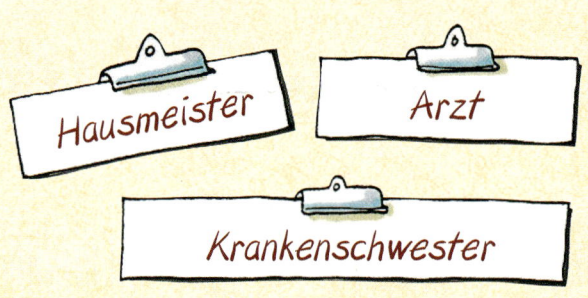

1 Wer hat was zu tun?
Suche die Personen auf dem Bild.

Wer verteilt die Medikamente?
Wer putzt das Gemüse?
Wer füllt die Anmeldung aus?
Wer repariert die Lampe?
Wer verbindet die Wunde?
Wer übt mit den Verletzten sich zu bewegen?
Wer schaut sich die Röntgenbilder genau an?

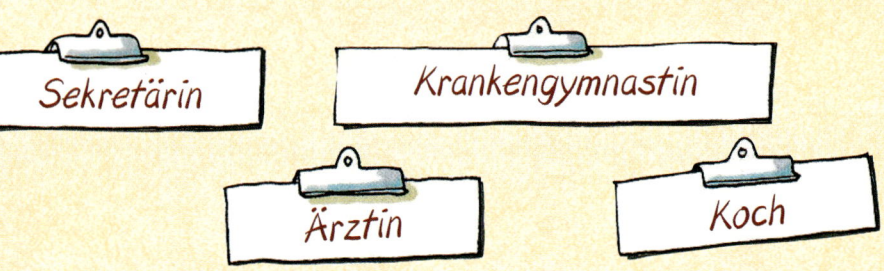

2 *Wer hat was zu tun?*
Die Krankenschwester verteilt
die Medikamente.
Der Hausmeister ...

Sekretärin *Krankengymnastin*
Ärztin *Koch*

3 Warst du schon einmal selbst Patient im Krankenhaus oder hast du dort jemanden besucht? Male ein Bild zu deinem Erlebnis.

braucht viele Berufe

verwürfelte Sätze zu einem Text ordnen; Großschreibung am Satzanfang beachten; vorbegrifflich mit Satzgegenständen und Satzaussagen umgehen

Peters Vormittag im Krankenhaus

1. um die 6 Uhr Krankenschwester die weckt Kinder.
2. sie bei Fieber jedem misst Kind.
3. wäscht der Kinder kleineren die Pfleger.
4. später Frühstück das er bringt.
5. macht Visite die täglich Ärztin eine.
6. sie Peters untersucht Bein.
7. Mittagessen um gibt 11.30 Uhr es.

1 Lest den Text und überlegt, wie die Wörter in den Sätzen zusammengehören. So erfahrt ihr, wie Peters Vormittag im Krankenhaus abläuft.

2 Schreibe den Text geordnet auf. Es gibt unterschiedliche Lösungen. Denke daran: Am Satzanfang musst du großschreiben.

3 Unterstreiche in deinen Sätzen mit Blau, **wer** etwas tut, und mit Rot, **was** jemand tut. Vergleicht eure Lösungen.

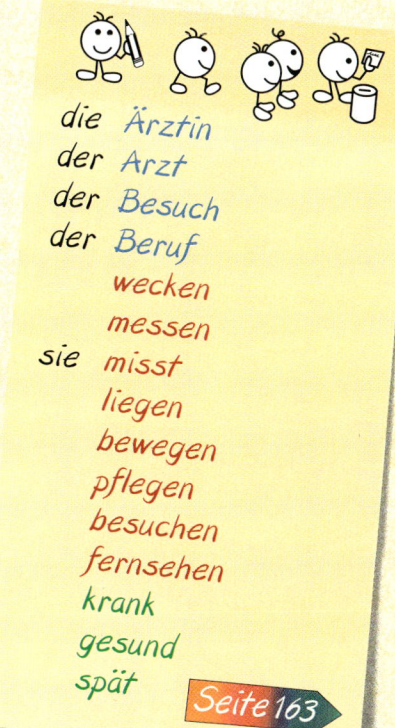

die Ärztin
der Arzt
der Besuch
der Beruf
wecken
messen
sie misst
liegen
bewegen
pflegen
besuchen
fernsehen
krank
gesund
spät

Seite 163

nach Beschreibungen Berufe erraten; selbst Rätsel formulieren

Jeder Beruf

Wer bin ich?
Ich muss im Krankenhaus dafür sorgen, dass alles sauber ist. Wenn ich mit den richtigen Mitteln putze, vertreibt das die winzigen Krankheitserreger, die Bakterien und Viren. So sollen die Patienten vor einer weiteren Ansteckung geschützt werden.

Wer bin ich?
Ich behandle die Patienten, die zu uns ins Krankenhaus kommen. In meinem Kittel steckt ein kleines Funkgerät, ein „Piepser". Damit kann ich überall im Krankenhaus von einer Schwester erreicht werden. Wenn ich für Notfälle eingeteilt bin, nehme ich den Piepser auch mit nach Hause.

Wer bin ich?
Ich pflege die Patienten im Krankenhaus. Ich bringe das Essen, wechsle die Bettwäsche und verteile in Absprache mit den Ärzten auch die Medikamente. Ich kümmere mich insgesamt darum, dass es den Patienten gut geht.

1 Könnt ihr die Rätsel lösen? Die Bilder helfen euch dabei.

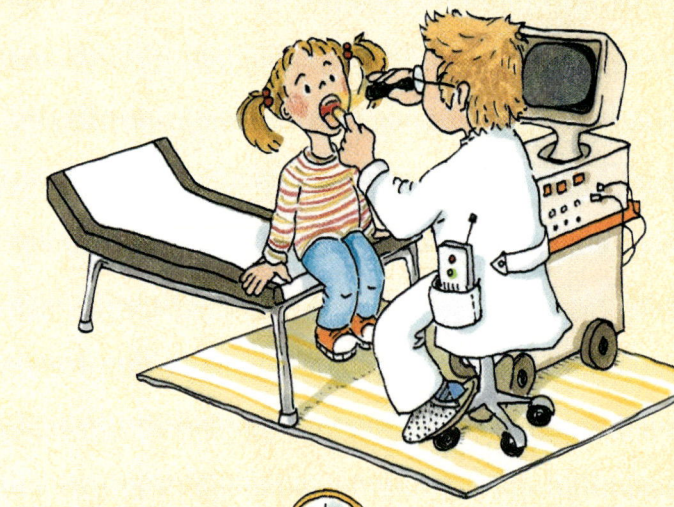

2 Zwei Rätsel dürft ihr selbst schreiben. *Wer bin ich?*

ist anders

ein Interview planen: Interview-Fragen notieren, Stichwortliste für einen Brief und den Briefentwurf schreiben, Großschreibung von Anredewörtern beachten

Die Kinder der Klasse 3 in Waldeck wollen erfahren, welche Berufe es im Krankenhaus gibt. So bereiten sie sich auf ein Interview im Krankenhaus vor:

● **Einen Brief an die Krankenhausverwaltung schreiben**

Stichwortliste für den Brief
- *das Krankenhaus kennen lernen*
- *etwas über Berufe erfahren*
- *ein Interview mit einer Krankenschwester durchführen*
- *Fotos machen*
- *einen Termin absprechen*

Achtung:
Fremde Erwachsene spricht man mit „Sie" an. In Briefen schreibt man die höfliche Anrede immer groß (Sie, Ihnen, Ihre, ...).

Waldkrankenhaus
Krankenhausverwaltung
Landstr. 100-110

34513 Waldeck

20.3.

Sehr geehrte Krankenhausverwaltung,

wir, die Kinder der Klasse 3 aus Waldeck, möchten gern ein Krankenhaus kennen lernen
...
Vielen Dank

● **Fragen für das Interview mit einer Krankenschwester sammeln**

● **Das Interview durchführen**

● **Eine Wandzeitung mit Berichten, Fotos und dem Interview gestalten**

Wann beginnen Sie Ihre Arbeit?
Wie sieht Ihr Tagesablauf aus?
Wie lange ...?
Was ...?
Warum ...?
Wie oft ...?
...

1 Wie soll der Brief lauten? Setzt euch in Gruppen zusammen und schreibt den Brief.
Oder:
Schreibt an ein Krankenhaus in eurer Nähe.

2 Schreibt Fragen auf, die ihr einer Krankenschwester im Interview stellen wollt.

einen Experten/eine Expertin in die Klasse einladen und befragen; sich über die Arbeit der Feuerwehr informieren; über den Begriff „ehrenamtlich" sprechen

Die Feuerwehr muss

Was fällt euch zur Feuerwehr ein?

Feuerwehrleiter — Tatü Tata! — Die Feuerwehr muss mit Blaulicht fahren. — SIRENE — Die Feuerwehr löscht Brände.

1 Sammelt eure Einfälle zur Feuerwehr auf einem Plakat.

Was hat die Feuerwehr alles zu tun?

1. Was gehört zur Ausrüstung eines Feuerwehrmanns?

2. Was müssen die Feuerwehrleute machen, wenn sie das Alarmsignal hören?

3. Woher weiß ein Feuerwehrmann, was er zu tun hat?

4. Wie viel verdient ein Feuerwehrmann?

2 Herr Dorst ist Brandinspektor der freiwilligen Feuerwehr. Die Kinder haben ihn in die Klasse eingeladen. Welche Antwort hat Herr Dorst auf welche Frage gegeben?

1. Feuerwehrhelm mit Nackenleder, Einsatzanzug, Sicherheitsgurt mit Beil, Lederhandschuhe und Sicherheitsstiefel aus Leder.

4. Die Feuerwehrleute bei der freiwilligen Feuerwehr bekommen kein Geld. Sie arbeiten ehrenamtlich und sind stolz darauf, anderen helfen zu können.

3. In den Fahrzeugen hat jeder einen festen Platz und eine feste Aufgabe. In der Ausbildung wird alles so genau geübt, dass die Arbeit in „Fleisch und Blut" übergeht. So kann jeder Feuerwehrmann zu jeder Tages- oder Nachtzeit seinen Dienst ausführen.

2. Die Feuerwehrleute arbeiten tagsüber in ihrem normalen Beruf. Wenn sie den Alarm hören, müssen sie sofort alles stehen und liegen lassen und zum Feuerwehr-Gerätehaus fahren.

Die Feuerwehr löscht nicht nur Brände, sondern hilft auch bei Verkehrsunfällen, fängt entlaufene Tiere ein, schafft umgestürzte Bäume von der Straße. Außerdem wird die Feuerwehr gerufen um Keller auszupumpen oder andere Schäden durch Unwetter zu beseitigen. Sie hilft auch, wenn bei Unfällen Giftstoffe austreten.

immer bereit sein

eine Bildergeschichte schreiben: Stichwortliste entwerfen; Spannung in Worte fassen; wörtliche Rede verwenden; Bildinformationen nutzen für einen Merkzettel

Kommen Sie schnell! Hier brennt es!

Michael Katz, in der Telefonzelle Breitestraße.

In der Breitestraße Ecke Menzelstraße. Ein Wohnhaus. Da ist eine Frau am Fenster.

Wie heißt du? Wo bist du?

Wo brennt es? Was brennt?

TATÜ TATA

1 Erzählt die Bildergeschichte. Wie könnte sie ausgehen?

2 Schreibe zu jedem Bild in der oberen und unteren Reihe Stichwörter auf.

3 Kennzeichne in deiner Stichwortliste, welches die spannendste Situation in der Bildergeschichte ist. Versuche die Spannung auszudrücken.

4 Schreibe die Geschichte. Lass die Personen sprechen und denken.

5 Schreibe einen Merkzettel und gestalte ihn auffällig: *Das muss die Feuerwehr wissen, wenn sie alarmiert wird*

71

Lollipop

**Fantasie und Fantadu
schließe beide Augen zu**

Stell dir mal vor, du bist eine Wolke
und kannst die Welt von oben sehen.
Du wirst auch mal vom Wind fortgeweht werden
und du kannst auch mal andere Länder sehen.
Und lässt auch mal Wasser runter.
Wenn dich der Wind vor die Sonne weht,
dann wirst du ganz warm und es wird langsam Nacht.
Und dich kann man nicht sehen.
Und es wird wieder Tag
und du kannst die Vögel zwitschern hören.

1 Fliege mit der Wolke weiter
oder werde ein Fisch, eine Blume, ein Krankenhausbett …

Wörterbilder

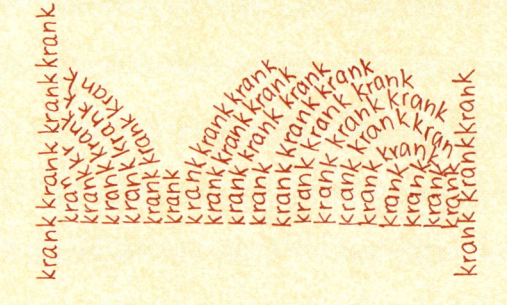

RAUCH   FEUER

Schlauch

2 Versuche selbst solche Wort- und Textbilder zu gestalten.
Ideen: STIEFEL, LÖSCHEN, Herz in der Hose, Ball im Tor, Fisch im Wasser, …

Mit offenen Augen durch den Wald

Sechs seltsame Gebilde könnt ihr hier sehen. Alle sind Teile von Pflanzen, die ihr euch einmal genauer anschauen solltet – vielleicht sogar mit einer Lupe.

73

vom Wald und seinen Bewohnern erzählen;
Fragen zum Wald sammeln und ordnen

Schöner, grüner und

ganz oben

in der Mitte

Ganz unten

Wie alt werden Bäume? *Wie viele Baumarten gibt es?* *Woraus wächst ein Baum?*

1 Im Wald gibt es Stockwerke wie in einem Haus. Wie sind sie eingerichtet? Wer wohnt darin?

2 Was möchtest du gerne über den Wald herausfinden? Schreibe deine Fragen auf Zettel.

3 Sammelt alle Zettel in der Klasse ein. Wie lassen sich die Fragen ordnen?

74

geheimnisvoller Wald

Verstehensprobleme klären; Textverständnis überprüfen; mit einem Bild eine Geschichte erzählen; eine Ausstellung mit Bildern und Texten gestalten

Überall auf der Erde werden Bäume seit uralten Zeiten verehrt. Von den Wikingern wird folgende Legende erzählt:

Der Weltenbaum

Die drei Reiche – Unterwelt, Erde und Himmel – werden von einem unsterblichen Eschenbaum zusammengehalten. Dieser Weltenbaum trägt den Namen Yggdrasil. Seine Wurzeln reichen tief hinunter in die Unterwelt. Hier haust der gräuliche Drache Nidhöggr und nagt an den Wurzeln. Die Krone des Baums überschattet das ganze Weltall und reicht bis zum Saal der Götter nach Asgard. In den höchsten Gipfeln der Krone wohnt ein mächtiger Adler. Das Eichhörnchen Ratatöskr huscht von oben nach unten, von unten nach oben und trägt giftige Zankworte zwischen dem Drachen und dem Adler hin und her. Denn zwischen den beiden herrscht ewige Feindschaft.

1 Lest den Text. Sprecht über Wörter und Sätze, die ihr nicht sofort versteht.

Richtig oder falsch?
Die Wikinger verehrten eine uralte Eiche. f
Sie gaben ihr den Namen Nidhöggr. f
Die Wurzeln des Baums gingen tief in die Erde. ✓
Die Krone reichte ganz hoch in den Himmel. (✓) f
In der Unterwelt hauste der Adler Yggdrasil. f
In der Krone wohnte ein böser Drache. f
Das Eichhörnchen Ratatöskr sprang zwischen dem Drachen und dem Adler hin und her. ✓

2 Manche Aussagen in dem Text links sind richtig, andere falsch. Schreibe den Text richtig auf.

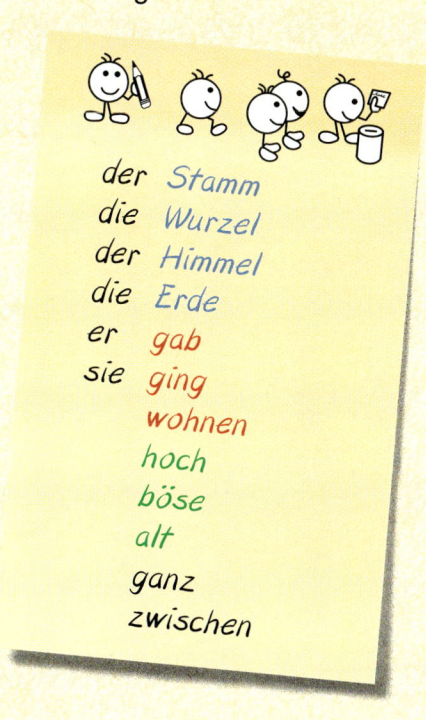

der Stamm
die Wurzel
der Himmel
die Erde
er gab
sie ging
wohnen
hoch
böse
alt
ganz
zwischen

3 Male die Esche Yggdrasil und ihre Bewohner. Dein Bild soll die Geschichte erzählen.
Oder:
Denke dir selbst einen Text über einen Baum und seine Bewohner aus. Erfinde ungewöhnliche Namen.

4 Stellt euch gegenseitig eure Bilder und Texte vor.

mit verschiedenen Methoden den Waldboden untersuchen; etwas über seine Funktion wissen; Keimung und erstes Wachstum einer Pflanze beschreiben

Ganz unten entsteht

Wurzeln, Moos und Boden

Im Boden ist alles, was die Pflanzen brauchen: Wasser und Nährstoffe. Er gibt den Bäumen und anderen Pflanzen festen Halt. Aber die Wurzeln halten auch den Boden fest, sodass er nicht weggespült oder weggeweht werden kann.

In der obersten Bodenschicht unter Moos und abgefallenem Laub gibt es unzählige winzige Lebewesen: Asseln, Würmer, Springschwänze ... Sie fressen Pflanzenreste und noch kleinere Tierchen. Was dann bei der Verdauung herauskommt, gibt eine gute Grundlage für neuen fruchtbaren Boden.

Waldlichtung — Buchenwald

Waldgang 1 für „Keller"-Forscher

Das könnt ihr tun

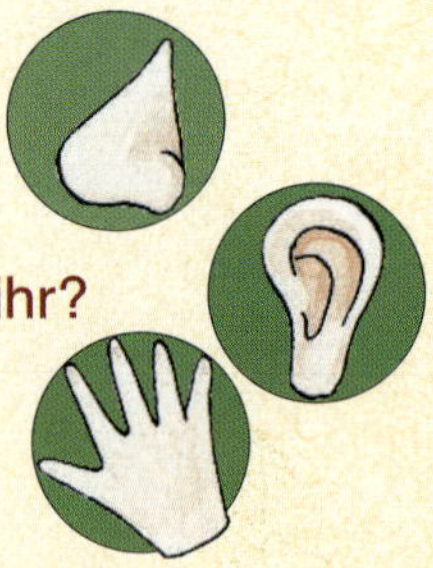

- Legt euch auf den Boden, auf Moos oder Laub. Was riecht, hört oder fühlt ihr?

- Sammelt Fundstücke: morsche Äste oder Rinde, Federn, Zapfen, Früchte ... Gestaltet damit eine Schaukiste.

- Untersucht den Boden vorsichtig nach kleinen Lebewesen. Schaut euch an verschiedenen Stellen Schicht für Schicht gut an: Laub, Moos, Boden.

- Holt Bodenstücke von verschiedenen Stellen im Wald: Waldrand, Lichtung, unter Büschen ... Stecht sie mit einem Spaten aus. Legt die Stücke vorsichtig in Kästen und schreibt die Fundstelle dazu.

Von der Buchecker zum kleinen Baum

Herbst	Winter	Frühling	Fünf Tage nach der Keimung
Der Samen der Rotbuche ist reif.	Die Bucheckern liegen verstreut.	Der Samen keimt und verankert sich im Boden.	

Fruchthülle, Keimwurzel, Keimblätter, Spross oder Sprössling

das Leben im Wald

*nach Vorgaben verschiedene Texte schreiben:
Waldgang, Entwicklung einer Pflanze;
Schreibwerkstatt; Wörter mit aa, ee, oo üben*

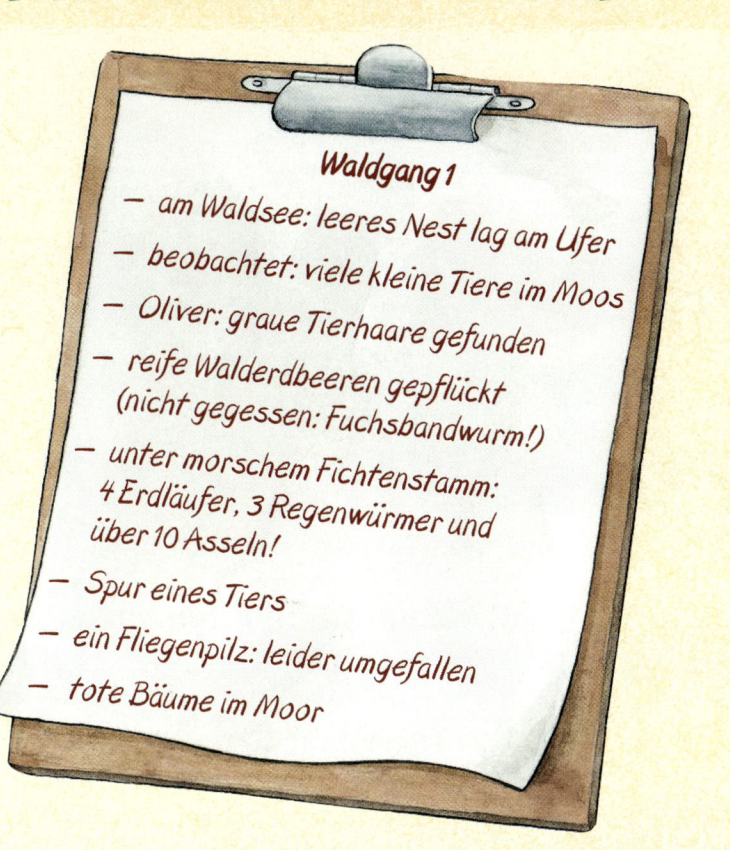

Waldgang 1

— am Waldsee: leeres Nest lag am Ufer
— beobachtet: viele kleine Tiere im Moos
— Oliver: graue Tierhaare gefunden
— reife Walderdbeeren gepflückt
  (nicht gegessen: Fuchsbandwurm!)
— unter morschem Fichtenstamm:
  4 Erdläufer, 3 Regenwürmer und
  über 10 Asseln!
— Spur eines Tiers
— ein Fliegenpilz: leider umgefallen
— tote Bäume im Moor

1 Diese Notizen haben sich Kinder bei einem Waldgang gemacht.
Mit Hilfe der Notizen kannst du einen Bericht schreiben.

2 Suche dir ein Kind und lies ihm deinen Text mehrmals vor. Sprecht über den Text. Unterstreicht mit einem farbigen Stift, was euch noch nicht gefällt.

3 Verbessere nun deinen Text.

4 Auf dem Notizzettel stehen einige Wörter mit **aa, ee** und **oo**.
Schreibe sie auf ein Merkblatt. Suche noch andere dazu.
Zum Beispiel im Wörterbuch bei: **Ar, Be, Bo, Id, Ka, Kl, Me, Pa, Schn, Sp, St, Te, Wa** und **Zo**.

→ Ah. S. 25

Laubblätter
Keimblätter

<u>Nach
14 Tagen</u>

<u>Nach
30 Tagen</u>

Fruchthülle
Wurzel

Im Sommer sammelt die Pflanze Kraft und Nährstoffe für den Winter.
Im nächsten Jahr ist der Stängel verholzt.
Dann ist aus der Pflanze ein kleiner Baum geworden.

5 Schreibe zu jeder Station auf, wie sich die Pflanze entwickelt. Zeichne dazu:
<u>Von der Buchecker zum kleinen Baum</u>
<u>Herbst: ...</u>

77

einen Sachtext (mit Abbildungen) lesen und inhaltlich besprechen; einen eigenen Waldlehrpfad einrichten

In der Mitte:

Stempel
Blütenblatt
Staubblätter mit Pollenkörnern

Die Brombeere blüht und trägt Früchte

Im Juni blüht die stachlige Brombeerpflanze am Waldrand. Bienen sammeln in den Blüten den Nektar, einen süßen Saft. Dabei bleiben an ihren Haaren klebrige Pollenkörner hängen. So „beladen" fliegen sie zur nächsten Blüte. Dort gelangen von den Pollenkörnern einige an die Stempel. Man sagt, die Blüte ist bestäubt. Aus ihr kann sich eine neue Brombeerfrucht entwickeln.

Neue Brombeerpflanzen

Im August und September werden die Beeren reif. In ihnen befinden sich kleine Samenkörner. Viele Vögel fressen die Beeren. Und mit dem Kot verbreiten sie die Samen der Brombeere. Aus den Samen können neue Pflanzen wachsen. Brombeeren vermehren sich auch auf andere Art: Ein junger Brombeerzweig senkt sich auf den Boden. An seiner Spitze bilden sich feine Wurzeln, aus denen eine neue Pflanze wächst.

Waldgang 2 für Pflanzenkenner

Das könnt ihr tun

Sucht euch ein Wegstück im Wald aus. Überlegt, auf welche Besonderheiten bei Pflanzen ihr dort aufmerksam machen wollt. Beschriftet diese Stationen. Macht zum Schluss eine Gruppenführung auf eurem eigenen Waldlehrpfad.

Haselnüsse
Im Herbst Nahrung für Waldmäuse, Eichhörnchen, Spechte ...

Holunder
- Blüten mit starkem Duft
- bieten vielen Insekten Nahrung
- später Beeren für Vögel

Heckenrose
Aus den Blüten entstehen Hagebutten, die noch im Winter für Vögel und Mäuse den Tisch decken.

1 Erzählt euch gegenseitig, wie neue Brombeerpflanzen entstehen.
Oder:
Überlegt euch eine Bildfolge und zeichnet sie.
Der Vogel und die Brombeerpflanze
Beschriftet die Zeichnung.

Sträucher und ...

Satzgrenzen erkennen und beim Schreiben beachten; Quizfragen ausdenken und ein Quiz spielen; Wörter mit stimmhaftem und stimmlosem s abhören und sammeln

Das „mittlere Stockwerk"
Es beginnt etwa 10 Zentimeter über dem Boden hier wachsen viele Farne, Gräser und Blumen einige Blumen tragen lustige Namen sie heißen Frauenschuh, Teufelskralle oder Hasenohr viele Insekten besuchen ihre Blüten und sammeln den Nektar die Sträucher können etwa zwei Meter hoch reichen Brombeere, Himbeere oder Holunder sind hier zu finden in ihrem dichten Gebüsch haben die Amsel, die Singdrossel und die Mönchsgrasmücke ihre Nester.

1 Hier stehen acht Aussagesätze, aber die Punkte fehlen. Schreibe den Text richtig ab. Achte auf die Satzanfänge.

2 Denkt euch Quizfragen zum Thema „Stockwerke des Waldes" aus. Spielt das Quiz. Wer soll Quizmaster sein?

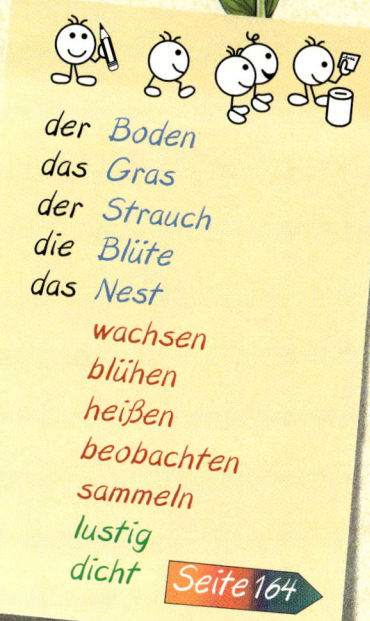

Was wächst im untersten Stockwerk?

Was ist ein Frauenschuh?

Wer befruchtet die Blüten?

der Boden
das Gras
der Strauch
die Blüte
das Nest
wachsen
blühen
heißen
beobachten
sammeln
lustig
dicht
Seite 164

Wörter klingen lassen

Singdrossel	Gras
Insekt	Moos
Hasenohr	Humus
Tausendfüßer	Teufelskralle
sammeln	
besuchen	

3 Lies die Wörter, die untereinander stehen. Was stellst du fest?

4 Schreibe zehn Wörter aus der Wörterliste, bei denen das **s** wie bei **sammeln** und **Hasenohr** klingt.

Bienensprachen

Bienendeutsch:
summ, summ, summ.

Bienenfranzösisch:
sümm, sümm, sümm.

Bienenenglisch:
samm, samm, samm.

Bienenfinnisch:
Suomi, Suomi, Suomi.

Rupert Schützbach

sich über die Eigenarten und den Nutzen von Bäumen informieren; Bäume untersuchen

Ganz oben:

Wald in Deutschland

Etwa ein Drittel unseres Landes ist mit Wald bedeckt.
Mehr als die Hälfte der Waldbäume sind Rotbuchen und Fichten.
Förster, Waldbauern und Waldarbeiter kümmern sich um den Wald.
Sie pflanzen neue Bäume und ernten Bäume. Aus dem Holz der Stämme werden Möbel und viele andere Dinge hergestellt.

Heute gepflanzt

Baumart	Erntezeit	Höhe
Eiche	in 140 Jahren	bis 30 Meter
Rotbuche	in 120 Jahren	25–30 Meter
Kiefer	in 100 Jahren	40–45 Meter
Tanne	in 90 Jahren	40–50 Meter
Fichte	in 80 Jahren	30–45 Meter
Pappel	in 30 Jahren	25–30 Meter

Bäume – die ältesten und mächtigsten Lebewesen auf unserer Erde

- In Nordamerika steht der höchste lebende Baum. Es ist ein 112 Meter hoher Mammutbaum.
- In Deutschland wurde eine Tanne 1894 gepflanzt. Sie ist heute 57 Meter hoch.
- In der Nähe von Bad Pyrmont steht eine fast 2000 Jahre alte Linde. Ihr Stamm hat einen Umfang von 12 Metern.

1 Messt nach:
- Wie viele Kinder braucht ihr um die Linde von Bad Pyrmont zu umfassen?
- Könnte der höchste Baum der Welt auf eurem Schulhof liegen?

Waldgang 3 für Scharfaugen und Rekordjäger

Das könnt ihr tun

- Baumhöhen bestimmen mit Stift und Metermaß.

- Wer findet den höchsten Baum oder den Baum mit dem größten Umfang?
- Sucht Tierwohnungen an und in den Bäumen.
- Sammelt Wurzelstücke und Äste für eine Baum-Figuren-Ausstellung.

2 Erklärt euch gegenseitig mit Hilfe der Bilder, wie man Baumhöhen messen kann, und probiert es aus.

die Bäume

mit einer Lese- und Schreibstraße Sätze bilden; Begriffe Satzgegenstand (Subjekt) und Satzaussage (Prädikat) kennen lernen; vorbegrifflich mit der 2. Vergleichsstufe umgehen

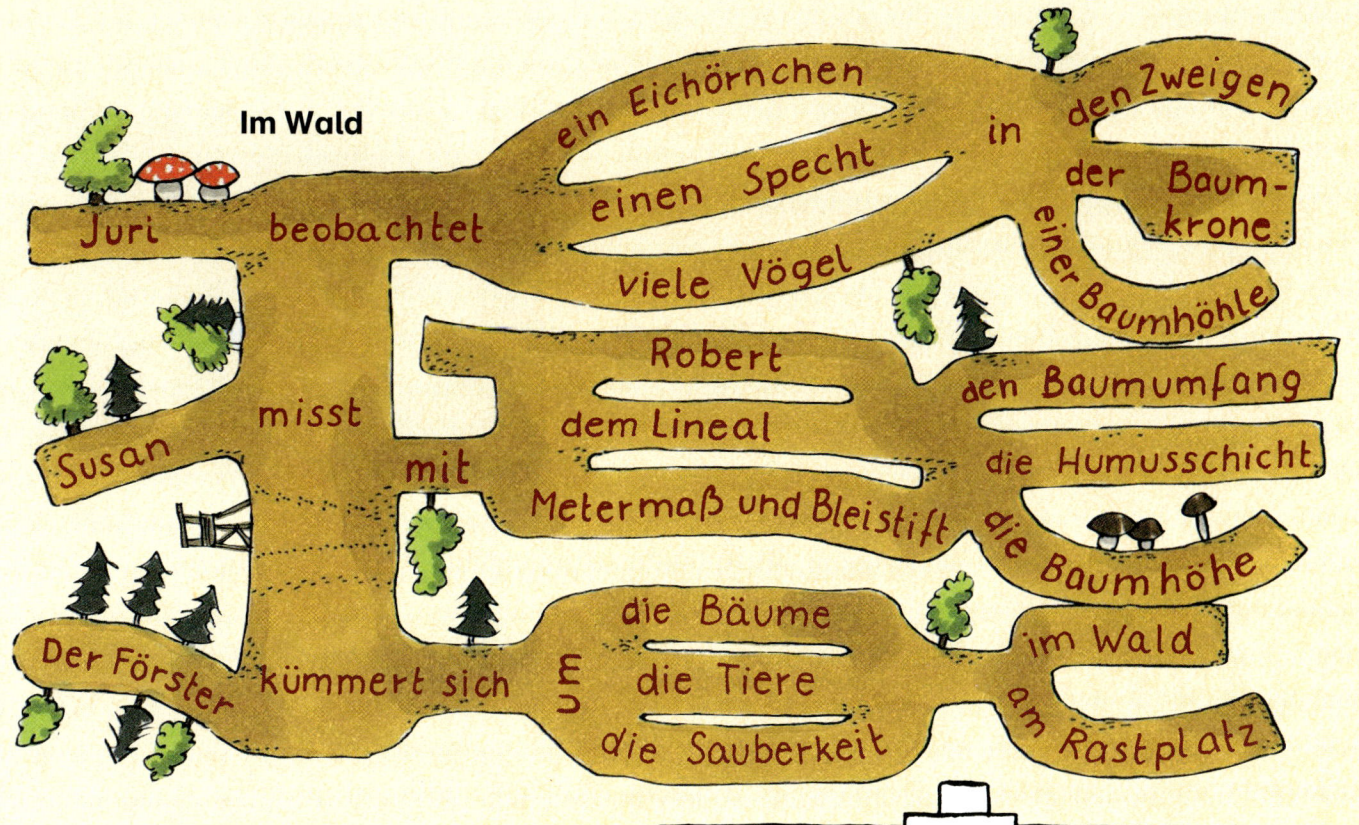

Im Wald

Juri beobachtet ein Eichhörnchen in den Zweigen
Juri beobachtet einen Specht in der Baumkrone
Juri beobachtet viele Vögel in einer Baumhöhle

Susan misst Robert den Baumumfang
Susan misst mit dem Lineal die Humusschicht
Susan misst mit Metermaß und Bleistift die Baumhöhe

Der Förster kümmert sich um die Bäume im Wald
Der Förster kümmert sich um die Tiere
Der Förster kümmert sich um die Sauberkeit am Rastplatz

1 Auf diesen Waldwegen kannst du viele Sätze finden.

2 Unterstreiche in deinen Sätzen
– mit Blau, wer oder was etwas tut,
– mit Rot, was jemand tut.
Vergleicht eure Lösungen.

> Ein Satz besteht aus **Satzgliedern**.
> Mit der Wer-oder-was-Frage und dem Verb findest du den **Satzgegenstand (das Subjekt)**.
> Das Verb im Satz nennt man **Satzaussage (Prädikat)**.
> Es sagt etwas über den Satzgegenstand (das Subjekt) aus.
> *Juri beobachtet viele Vögel.*

Baumerkundungen in der Nähe

Wer	suchte/fand	was?
…		den ältesten Baum.
	suchte	den höchsten Baum.
	suchten	den dicksten Baum.
	fand	den seltensten Baum.
	fanden	den geheimnisvollsten Baum.

3 Schreibe von euch. Ergänze, welches der älteste, höchste … Baum in eurer Nähe ist. Unterstreiche in deinen Sätzen den Satzgegenstand (das Subjekt) mit Blau und die Satzaussage (das Prädikat) mit Rot.

81

sich informieren, was eine „Waldschule" und ein „Waldtheater" ist; selbst eine ähnliche Einrichtung aufsuchen

Ein Schultag

Unsere Klasse ist im Waldtheater der Waldschule „Am Rogge-Busch" angemeldet. Dort sind wir heute selbst die Schauspieler! Wir haben uns wetterfest angezogen, denn eine Regel lautet: „Egal ob die Sonne scheint, ob es regnet oder schneit, die Vorführungen finden auf der Bühne im Freien statt."
Herr Boljahn, der Förster, erzählt uns eine Geschichte aus dem Wald.

08.15 Uhr

- Begrüßung und Frühstück am Lagerfeuer
- Erzählen der Theatergeschichte

Eine Igelgeschichte

Zwei Igel waren auf dem Heimweg. Müde, aber zufrieden trippelten sie durch den Wald, denn sie hatten gerade einen Wettlauf mit dem Hasen gewonnen. Und ein Hase läuft bekanntlich sehr schnell.
Als sie schon fast zu Hause waren, hörten sie plötzlich Lärm. Auch roch es nach einem Feuer. Vorsichtig gingen sie näher. O Schreck! Ihr Reisighaufen war weg. Ein Mann und eine Frau legten gerade die letzten Zweige in das Feuer. Ein Radio lärmte und zwei Kinder warfen mit Apfelgriebsen und Trinkpäckchen um die Wette. Da landete auch schon ein Päckchen auf der Nase eines der Igel. Der schrie, so laut er konnte: „Aua!!!" ...

10.00 Uhr

- Gruppenbesprechung: Ablauf der Geschichte, wie einzelne Rollen auftreten

11.00 Uhr

- Aufführung einer Gruppe auf der Bühne
- andere Gruppe als Zuschauer

- Verabschiedung
- Jedes Kind darf seine Maske mitnehmen.

12.00 Uhr

im Waldtheater

ein Theaterstück planen: eine Spielvorlage finden, Rollen verteilen, Masken basteln, eine geeignete Spielstätte suchen; über Waldgebote sprechen

09.00 Uhr

- Verteilen der Rollen
- Basteln der Masken

Die Schulklasse einteilen

Teilt eure Klasse in zwei gleich große Gruppen. Alle Kinder können mitspielen, wenn ihr euch genug Nebenrollen ausdenkt: ein Ast, eine leere Getränkedose ...
Jede Gruppe bereitet die Aufführung so vor, wie sie es möchte. Und wo kommen die Texte her? Ganz einfach: Jedes Kind spielt seine Rolle so, wie es sie in der Geschichte verstanden hat. Jeder kann sich zu seiner Rolle etwas einfallen lassen – und wer nichts sprechen mag, kann durch Bewegungen seine Rolle darstellen.

Masken basteln

Durch die Masken wissen die Zuschauer, welche Rolle ihr spielt. Jede Maske muss gut zu erkennen sei: Ein Igel hat „Stacheln", ein Baum Rinde und Äste ...
Für die Maske wird eine Grundform aus farbigem Filz geschnitten. Sucht passende Dinge, mit denen ihr die Grundform schmücken könnt. Es sollten nur Naturmaterialien sein.

Rollen für das Theaterstück

1. Rolle	Igel 1
2. Rolle	Igel 2
3. Rolle	Mareike
4. Rolle	ihr Bruder Ben
5. Rolle	Mutter
6. Rolle	Vater
7. Rolle	Glockenblume
...	

1 Erkundet, wo es in eurer näheren Umgebung eine Waldschule gibt? Welche Angebote werden dort für Schulklassen gemacht?

2 Welches Stück soll unsere Klasse in einem Waldtheater aufführen?
Oder:
Spielt die Igelgeschichte. Verteilt die Rollen, bastelt Masken. Die Bäume für den Wald könnt ihr auch selbst darstellen.
Nun fehlen nur noch Zuschauer.

Waldgebote
- *Verletze keine Tiere und Pflanzen um deine Maske zu schmücken. Nutze nur Material, das lose auf dem Waldboden liegt.*
- *Lärme nicht! Wenn Tiere in der Nähe sind, spiele so, als wären sie Teil deiner Geschichte.*
- *Verlasse die Waldtheaterbühne mindestens so sauber, wie du sie vorgefunden hast.*

Lollipop

Traummärchen

Alle Kinder dieser Erde kamen zusammen und schöpften aus allen Bächen, Flüssen, Seen klares Wasser zu einem Bademeer für Kinder. Sie holten von der ganzen runden Erde den feinsten Sand. Das gab einen Strand, wie du ihn dir nicht denken kannst. Von überall schleppten sie die Bäume her, die ihnen am liebsten waren. Daraus ward ein Baum, so groß, dass seine Blätter immer von Wolkenzipfeln umgeben waren. Er konnte nie verdorren. Und da er aus allen Bäumen erschaffen war, wuchsen auf ihm Äpfel und Birnen, Bananen und Kirschen, Ananas und Aprikosen, Pfirsiche und alle Früchte, die es auf unseren Erdbäumen gibt. Seine Äste waren rund und stark. Wo sie sich gabelten, bauten die Kinder Nester, in denen sie wohnen konnten, alle übereinander wie in den Stockwerken eines Hauses. An den Zweigen turnten sie und hängten Schaukeln auf und weit gespannte Hängematten ...

Sonja Matthes

Je ne sais pas!

Ciao!

¡Hasta luego!

Are you coming with us?

1 Träume das Märchen weiter.
Lass Kinder aus aller Welt in den Baum einziehen und gib ihnen Namen.
Erzählt einander eure Träume.

2 Schreibe und male dein Traummärchen auf.
Lass die Kinder miteinander sprechen.

3 Wenn alle Kinder der Welt zusammenkommen, wird in vielen, vielen Sprachen gesprochen.
Sammelt auf einem Plakat Wörter und Sätze in vielen Sprachen, die Kinder sprechen, wenn sie sich treffen.

Von Krabbeltieren und schlauen Füchsen

Lauter kleine Tiere, die durcheinander krabbeln, kriechen und hüpfen! Nur eine Art ist viermal vertreten – welche?

85

kleine Tiere auf dem Schulgelände entdecken und nach ihrem Aussehen erkennen; ein Info-Blatt mit Stichworten übersichtlich gestalten

Blattlausjäger und

Wildbiene 11–13 mm

Marienkäfer 6–8 mm

Saftkugler 12–17 mm

Weberknecht 3–7 mm

Borkenkäfer 4,2–5,5 mm

Hummel 15–19 mm

Feuerkäfer 14–18 mm

Manche Menschen denken, wir Ohrwürmer sind gefährlich.

... Das stimmt auch ... aber nur für die Blattläuse.

Und mich finden viele eklig.

Dabei sollten sie uns doch mal genauer anschauen.

1 Manchmal finden Menschen ein Tier eklig und ein anderes niedlich. Welche Gründe gibt es dafür?

2 Schau dir den Ohrwurm genau an. Beschreibe, wie er aussieht.

Ohrwurm-Info
Nahrung
- fressen Insekteneier und Blattläuse
- knabbern an Blättern, Früchten, Blüten

Lebensweise
- gehen nachts auf Futtersuche, ein Ohrwurm frisst etwa 30 Blattläuse in einer Nacht
- verkriechen sich tagsüber in dunklen Ritzen (aber nicht im Ohr des Menschen)

3 Versuche einige der Tiere auf dem Schulgelände zu entdecken. Wähle ein Tier aus. Zeichne es und schreibe ein Infoblatt dazu.

4 Informiert euch, wie ihr kleine Tiere in der Klasse halten könnt. Beobachtet sie eine Zeit lang und lasst sie wieder frei.

Wiesenmusikanten

die Funktion von Fürwörtern (Pronomen) anhand von Rätseltexten kennen lernen; Tiernamen verrätseln

Tausendfüßer
10 – 50 mm

Heupferd
bis 80 mm

Maikäferlarve
bis 75 mm

Stechmücke
3,5 – 5 mm

Regenwurm
bis 30 cm lang

Kreuzspinne
12 – 17 mm

Kuckuckswespe
8 – 10 mm

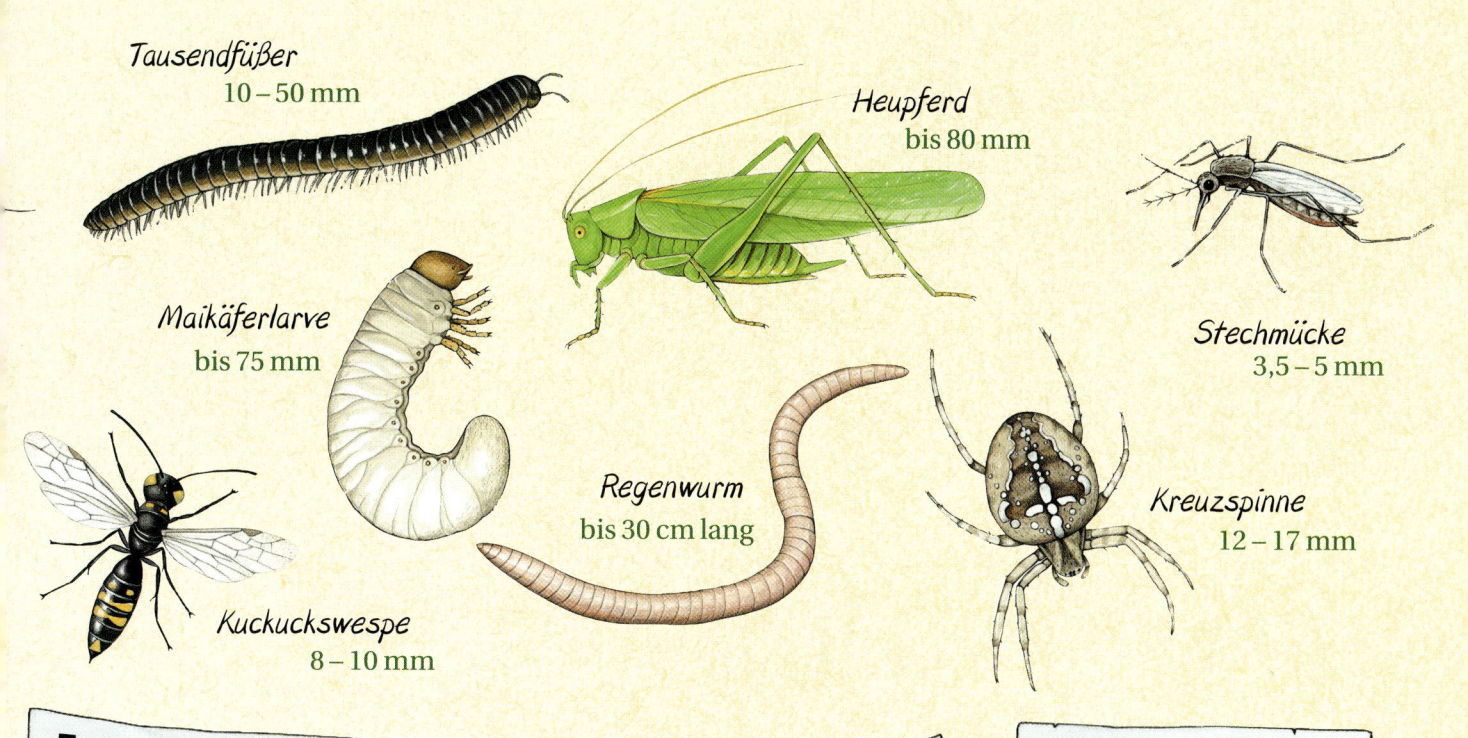

Er wird etwa 9 bis 30 cm lang. Er frisst Gänge in die Erde und durchlüftet so den Boden. Er ist sehr nützlich. Wenn es stark regnet, kriecht er an die Oberfläche.

Sie wird etwa 17 mm groß. Sie spinnt tolle Radnetze. Darin fängt sie auch ihre Beute. Auf dem Rücken hat sie ein Kreuz.

Es wird bis 80 mm groß. Es hat Fühler, die so lang wie sein Körper sind. In warmen Sommernächten kann man es zirpen hören. Es kann hoch und weit springen.

1. Hier sind kleine Tiere verrätselt. Findet ihre Namen heraus. Lest einander die Texte vor und benutzt dabei die Namen der Tiere.

2. Schreibe die Texte ab. Setze immer im ersten Satz den Namen des Tiers ein. Unterstreiche in den anderen Sätzen das Wort, das den Tiernamen ersetzt.

3. Wähle ein kleines Tier aus und verrätsle seinen Namen mit **er**, **sie** oder **es**.

4. Was hat die Kuckuckswespe mit dem Kuckuck zu tun?

Nomen können durch **Fürwörter (Pronomen)** ersetzt werden. **Ich, du, er, sie, es, wir, ihr, sie (alle)** sind Fürwörter (Pronomen).

Nisthilfen für kleine Tiere selber bauen; eine Bauanleitung verstehen

Nisthilfen für

Wildbienen und Solitärwespen

Die großen Wespen und Honigbienen leben in Staaten, in einem Wespennest oder im Bienenstock. Die kleineren Wildbienen aber und die meisten Wespenarten leben einzeln. Man sagt auch, sie leben solitär. Alle solitär lebenden Bienen und Wespen sind vom Aussterben bedroht, weil sie oft keine geeigneten Nistplätze mehr finden. Für ihre Nester brauchen sie Löcher in alten Lehmwänden oder in morschem Holz. Doch solche Häuser mit Lehmwänden oder löchrigen Holzbalken gibt es kaum mehr. Deshalb brauchen Wildbienen und kleine Wespen Hilfe beim Wohnungsbau.

NISTHILFE 1

Zweigbündel

Diese Bündel sind für Insekten, die sich ihre Nisthöhlen selber bohren wollen. Ihr könnt Stängel oder Zweige verwenden von
- Holunder,
- Himbeere,
- Heckenrose,
- Königskerze,
- Distel.

Schneidet die Zweige mit einer Blumenschere in etwa 30 cm lange Stücke. Bindet sie mit Draht oder Bindfaden zu Bündeln.

NISTHILFE 2

Hummelwohnung

2 cm Sand

das Loch etwas größer als der Blumentopf

NISTHILFE 3

Insekten-Hochhaus

hartes Holz (Eiche, Buche)

verschieden weite Löcher 2–10 Millimeter

Tiefe der Löcher unterschiedlich
weite Löcher: 10 cm
enge Löcher: kürzer

1 Erklärt euch gegenseitig, wie eine Hummelwohnung gebaut wird.

kleine Tiere

*Übungswörter in einem Text entschlüsseln;
nach Vorgaben eine Bauanleitung schreiben;
lange Sätze in mehrere kürzere auflösen*

Im März

Jason und Tina warten auf die Hummelköniginnen. Heute beobachten sie einzelne große Hummeln, die langsam am Boden herumfliegen. Die Hummelköniginnen suchen nach einer Höhle für ihr Nest. Das können alte Mäuselöcher oder Ritzen im Boden sein. Dort legen die Königinnen Eier und ziehen einen Sommer lang ihr Volk auf. Jason und Tina haben eine Wohnung für Hummelköniginnen gebaut.
Wird eine Königin das Nest besuchen und bleiben?

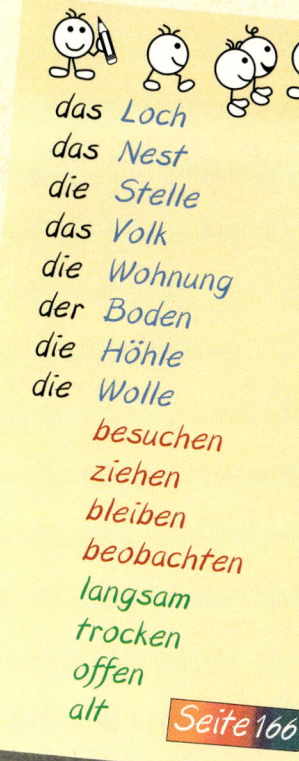

das Loch
das Nest
die Stelle
das Volk
die Wohnung
der Boden
die Höhle
die Wolle
besuchen
ziehen
bleiben
beobachten
langsam
trocken
offen
alt

Seite 166

1 Entschlüssle den Text.
Die Lösungswörter stehen im Wörterspeicher.

Schafwolle oder zerrupfte **Papierservietten** oder Material von einem **Mäusenest**

Topf umstülpen

Tonscherbe gegen Regen

An einer ungestörten Stelle im Garten grabe ich ein etwas tieferes Loch, als der Blumentopf hoch ist, und schütte eine Schicht Sand auf den Boden des Lochs, damit das Nest auch bei Regenwetter trocken bleibt.

2 Welcher Arbeitsschritt für den Bau der Hummelwohnung wird hier beschrieben?
Wird die Beschreibung verständlicher, wenn du aus dem langen Satz mehrere kürzere Sätze bildest?

3 Schreibe mit Hilfe der Bilder und Stichwörter eine Bauanleitung für eine Hummelwohnung.
So baue ich eine Hummelwohnung

89

aus einem Text Sachinformationen zusammenstellen; sich über die Entwicklungsstadien des Maikäfers informieren; ein Info-Blatt mit Stichworten gestalten

Jeder weiß etwas

Liebe Bianca!
Was für eine Frage! Natürlich weiß ich Bescheid über Maikäfer. Von Anfang Mai bis Anfang Juni hatte ich immer einige als Gäste in meinem Karton-Hotel.
Am leichtesten war es, die Käfer an einem kühlen Morgen zu fangen. Wir baten unsern Nachbarn, einen alten Kutscher, aus dem Kastanienbaum Maikäfer herunterzuschütteln. Auf einen Peitschenschlag regnete es dann Hunderte von braunen Gesellen, die noch starr vor Kälte waren. Doch wenn wir sie anhauchten, kam wieder Leben in die knapp 3 cm großen Brummer.
Sie krabbelten im Karton munter durcheinander und knabberten gerne an Blättern. Dabei musste ich schon genau hingucken, um die Männchen von den Weibchen unterscheiden zu können:
Die Fühler der Männchen bestehen aus 7 Blättchen, die Fühler der Weibchen haben 6 Blättchen und sind etwas kürzer. Mit den Fühlern tasten und riechen die Käfer.
Wir gaben den Maikäfern Namen nach ihrem Aussehen. Ich fand die „Schornsteinfeger" am schönsten. Kannst du dir denken, warum sie so hießen?
            Herzliche Grüße
            dein Opa Paul

1 Bianca hat von ihrem Opa viel über Maikäfer erfahren. Suche Informationen über die Tiere aus dem Text heraus.
Maikäfer-Info

2 Besprecht die einzelnen Stationen auf der Lebensuhr und berichtet über das Maikäferleben.

3 Ergänzt eure Maikäfer-Infos.

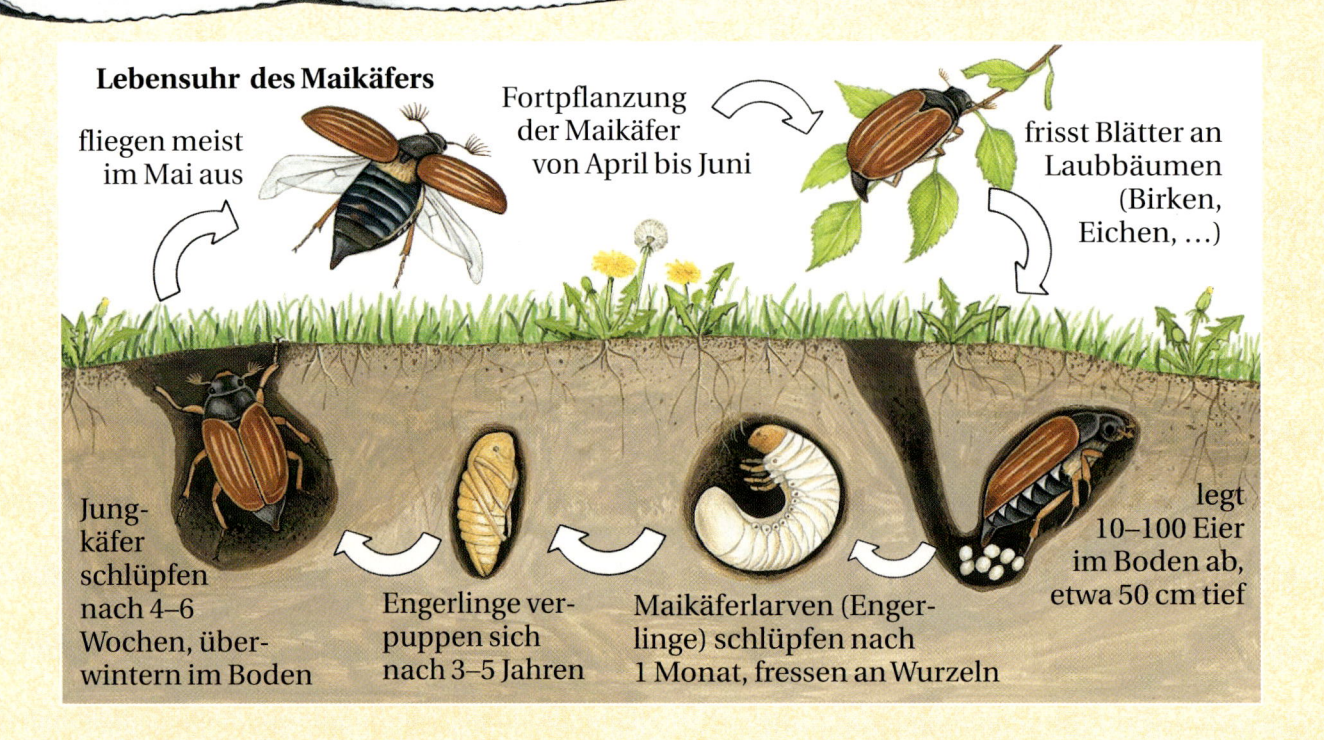

Lebensuhr des Maikäfers

fliegen meist im Mai aus

Fortpflanzung der Maikäfer von April bis Juni

frisst Blätter an Laubbäumen (Birken, Eichen, …)

Jungkäfer schlüpfen nach 4–6 Wochen, überwintern im Boden

Engerlinge verpuppen sich nach 3–5 Jahren

Maikäferlarven (Engerlinge) schlüpfen nach 1 Monat, fressen an Wurzeln

legt 10–100 Eier im Boden ab, etwa 50 cm tief

über den Maikäfer

Funktion und Bildung der Vergleichsstufen kennen lernen; ein Klangspiel gestalten

Wissenswertes über Insekten

Flugstrecken in 1 Stunde:
- Maikäfer .... bis zu 9 Kilometer
- Libelle .... bis zu 30 Kilometer
- Biene .... bis zu 22 Kilometer

Alter:
- Kreuzspinne .... bis zu 1,5 Jahre
- Maikäfer .... 3 – 4 Jahre
- Biene .... bis zu 5 Jahre

1 Wer fliegt am schnellsten? Wer wird am ältesten?
Die Libelle fliegt am schnellsten.
Sie fliegt schneller als ... und ...
Die Biene fliegt ...
Unterstreiche die Adjektive in deinen Sätzen.

Mit Adjektiven kann man vergleichen:
Grundstufe
  Der Maikäfer fliegt **weit**.
1. Vergleichsstufe (Komparativ)
  Die Biene fliegt **weiter**.
2. Vergleichsstufe (Superlativ)
  Die Libelle fliegt **am weitesten**.

2 Im Tierreich gibt es viele Rekordhalter: schnelle Läufer, tolle Hoch- und Weitspringer, schwere Tiere, langsame Tiere ... Sammelt Informationen für ein Tierquiz.

Maikäfer Bullerjan

Text: Rudolf Otto Wiemer
Musik: Richard Rudolf Klein

Mai-kä-fer Bul-ler-jan hat ein brau-nes Röck-lein an, sitzt auf ei-nem grü-nen Blatt, frisst sich di-cke, di-cke satt. Brumm, brumm, brumm.

3 Mit einfachen Klanginstrumenten, mit eurem Mund oder selbst gebastelten Instrumenten könnt ihr das Maikäferlied begleiten. Viel Spaß!

aus einem Sachtext gezielt Informationen herausschreiben; herausfinden, welche körperlichen Merkmale den Fuchs für seinen Lebensraum auszeichnen

Auf leisen Pfoten

Der Fuchs geht gerne auf die Mäusejagd. Mit seinen großen, dreieckigen Stehohren und seiner langen Nase kann er die Beutetiere schon von weitem entdecken. Leise schleicht er auf behaarten Pfoten immer näher heran. Sein schlanker Körper bewegt sich vorsichtig vorwärts. Manchmal verharrt er auch bewegungslos vor einem Mauseloch. Dann plötzlich springt er hoch durch die Luft und stürzt sich auf die Maus. Mit seinem Raubtiergebiss schnappt er zu.
Bei dem Luftsprung benutzt der Fuchs seine buschige **Lunte** wie ein Steuer. Wenn die Maus entwischt, stößt er mit seinem spitzen **Fang** in das Loch hinein.

Im Januar und Februar ist **Ranzzeit**. Dann sucht sich der **Rüde** eine Füchsin. Sie paaren sich. Die Füchsin gräbt mit ihren Schaufelkrallen einen Bau mit mehreren Ausgängen. Dort wirft die **Fähe** im Frühjahr vier bis sechs Junge. Sie sind zuerst noch blind und öffnen erst nach 10–14 Tagen ihre Augen. Vier Wochen lang werden die **Welpen** gesäugt. Danach bringt ihnen die Füchsin schon vorgekaute Nahrung von draußen mit. Bald aber schleppt sie lebende Beute heran, damit die Jungen das Fangen lernen können.

1 Beschreibe, wie ein Fuchs aussieht:
Der Fuchs
rotbraunes Fell am Rücken und am Schwanz, ...

2 Erkläre die Wörter aus der Jägersprache.
Der Fuchs in der Jägersprache
Lunte =

ein schlauer Jäger

Szenen einer Fabel spielen; mimische, stimmliche und körperliche Ausdrucksmittel erproben; Adjektive als Stilmittel erfahren; Wörter mit ss üben

Eine fabelhafte Geschichte

Ein Rabe hockte auf einem Baum und hielt einen Happen Käse im Schnabel. Vom Käseduft herbeigelockt erschien ein Fuchs und sprach mit freundlicher Stimme: „O Rabe, was bist du hübsch. Wenn du ebenso schön singst, wie du aussiehst, bist du der beste Sänger des Waldes."
Doch der Rabe schaute nur hochmütig vom Baum herab.
Darauf säuselte der Fuchs: „Liebster Rabe, ..."
Da riss der Rabe den Schnabel auf, ließ den Käse fallen und schrie: „Kraaah, kraaah ..."
Der Fuchs schnappte sich den Käse und lachte:
„Das kommt davon, wenn man ..."

1 Spielt die Szenen dieser Fabel. Drückt mit eurer Stimme und Körperhaltung aus, was der Fuchs im Schilde führt und was der Rabe für ein Vogel ist.

2 Überlege dir schöne Worte, die der Fuchs dem Raben sagt, um den Käse zu bekommen. Einige Adjektive findest du im Wörterspeicher.
Liebster Rabe, du bist nicht nur der schönste Singvogel, sondern auch ...

3 Wenn Fuchs und Rabe Menschen wären, welche Eigenschaften würden dann zu ihnen passen?

Eigenschaften des Fuchses	Eigenschaften des Raben
listig	eingebildet

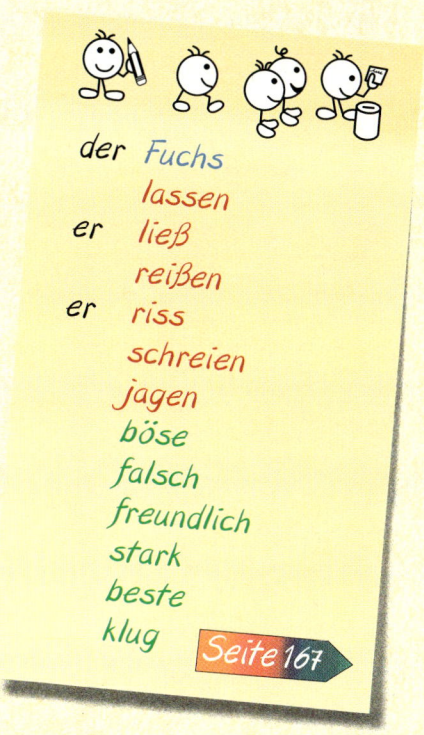

Wörterspeicher:
der Fuchs
lassen
er ließ
reißen
er riss
schreien
jagen
böse
falsch
freundlich
stark
beste
klug
Seite 167

4 Schreibe die Geschichte vom Fuchs und dem Raben.
Lass die Tiere miteinander sprechen.
Denke an die Anführungszeichen bei der wörtlichen Rede.
Überlege dir einen Schlusssatz.

5 Hier sind elf Wörter mit **ass, iss, uss** und **ess** versteckt. Schreibe sie auf.
Überprüfe mit der Wörterliste.

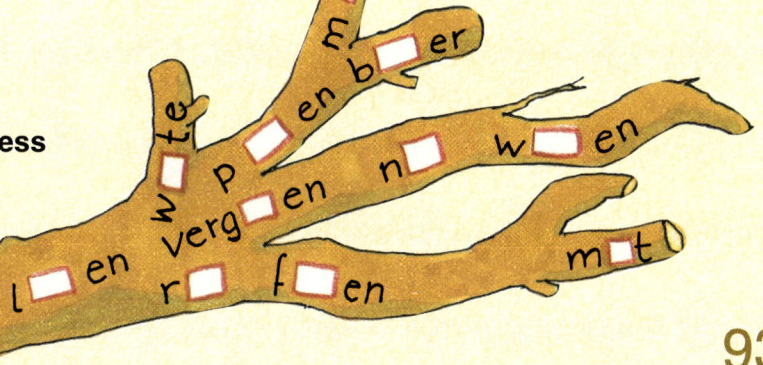

Lollipop

Elfchen-Tiergedichte
Ein Gedicht muss sich nicht reimen.
Mit elf Wörtern kannst du ein
„Elfchen" schreiben.
Aber dafür gelten Schreibregeln:

Erste Zeile: ein Adjektiv
Zweite Zeile: zwei passende Wörter dazu
Dritte Zeile: drei Wörter
Vierte Zeile: vier Wörter
Fünfte Zeile: ein abschließendes Wort

Listig
der Fuchs
bewegungslos am Loch
der grauen kleinen Maus
Geduld

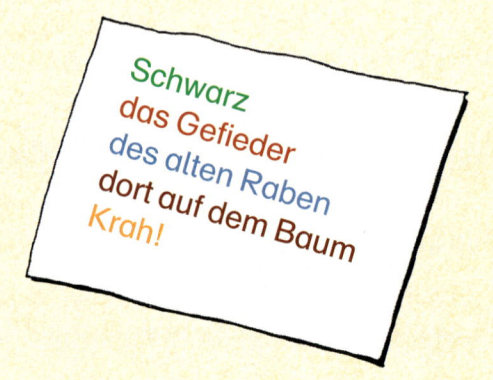

Schwarz
das Gefieder
des alten Raben
dort auf dem Baum
Krah!

---

1 Schreibe das Elfchen, das dir am besten gefällt, auf ein DIN-A4-Blatt. Versuche es stimmungsvoll vorzutragen. Mache dazu nach jeder Zeile eine Pause, vor der letzten Zeile eine besonders lange.

2 Schreibe selbst Elfchen über Tiere, zum Beispiel: über schnelle Hasen, leuchtende Feuerkäfer, …

Das ist eine Zeichnung für eine vierseitige Pyramide. Sie stammt von einem berühmten amerikanischen Künstler: Keith Haring.

3 Mit einer Lupe kannst du hier viele Figuren entdecken. Die Figuren können Geschichten erzählen.

4 Erfinde selbst Figuren und erzähle eine Geschichte.

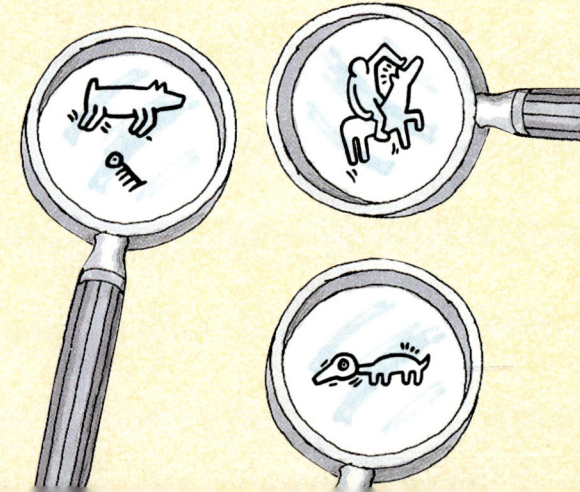

94

Sicher im Verkehr

Ein Junge mit seinem Fahrrad „hängt" am Himmel. Möglich oder unmöglich? Fälschung oder Kunst?

wissen, wie ein verkehrssicheres Fahrrad ausgestattet ist; Fahrräder überprüfen

Mit dem Fahrrad

Marco und Tina wollen mit ihren Eltern Radler-Ferien machen. Sie haben vor an der Donau entlang zu fahren. Doch zuerst müssen sie ihre Räder für die Tour fit machen.

Was muss denn da noch alles dran? Kannst du mir mal helfen?

1 Welche Teile muss Marco an sein Rad anbauen, damit er im Straßenverkehr fahren darf?

2 Gib Marco Tipps, was er für die Tour noch an seinem Fahrrad anbringen sollte.

3 Ein verkehrssicheres Fahrrad **muss** diese Teile haben
Im roten Kasten haben sich die Namen versteckt.
Achtung! Drei Teile gehören nicht dazu.

SCHEINWERFERSTOLLENREIFENVORDERRAD-
BREMSEKLINGELWEISSERRÜCKSTRAHLER
(NACHVORNE)ROTERRÜCKSTRAHLERGELBE
PEDALSTRAHLERLEUCHTRAHMENROTES
RÜCKLICHTROTERGROSSFLÄCHENRÜCK-
STRAHLERHINTERRADBREMSESPEICHEN-
REFLEKTORENHUPE

Fahrrad-Check

Teile	o.k.	nicht o.k.
Scheinwerfer	✓	
Rücklicht		
Dynamo		

Merkzettel für die Radtour
Radwegekarte, Helm
Regenjacke, Decke
Trinkflasche, Sonnenbrille
Obst, Brote
Werkzeug, Erste-Hilfe-Tasche

unterwegs

Verben mit Wortbausteinen in Texten verwenden; spielerisch Verben mit Wortbausteinen bilden; eine Reizwortgeschichte schreiben

1. Tag: Von Donaueschingen nach Sigmaringen ...

Unsere Radler sind in Donaueschingen am Bahnhof ... Dort ... sie ihre Räder. Bei Immendingen sehen sie, wie die Donau ...
Bald gibt es kurze, steile Stellen. Bergab müssen die Radler viel bremsen, bergauf manchmal ... Dafür können sie viele Schlösser ... Sie kommen schnell voran, denn der Radweg ist gut ... und beschildert. Man kann sich nicht ...

Wortkarten: verfahren, angekommen, ausgebaut, besteigen, bestaunen, versickert, absteigen

1 Schreibe den Text auf und setze die passenden Wörter ein.

2 **Einen Wörterwürfel bauen**

Das brauchst du:
- zwei kleine, würfelförmige Schachteln,
- weißes oder buntes Papier, Stifte.

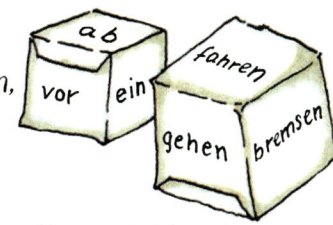

So wird es gemacht:
Jede Seite der beiden Schachteln wird mit Papier beklebt. Auf einen Würfel schreibt ihr Verben wie: gehen, fahren, bremsen, holen. Auf den anderen Würfel schreibt ihr Wortbausteine, die man vor die Verben setzen kann: vor-, aus-, ab-, ver-, an-, be-, ein-.

So geht das Spiel:
Ihr würfelt in der Gruppe reihum mit beiden Würfeln. Wenn Wortbaustein und Verb zusammenpassen, schreibt ihr das Wort auf. Beispiel: vor + fahren = vorfahren. Am Schluss vergleicht ihr eure Wörter.

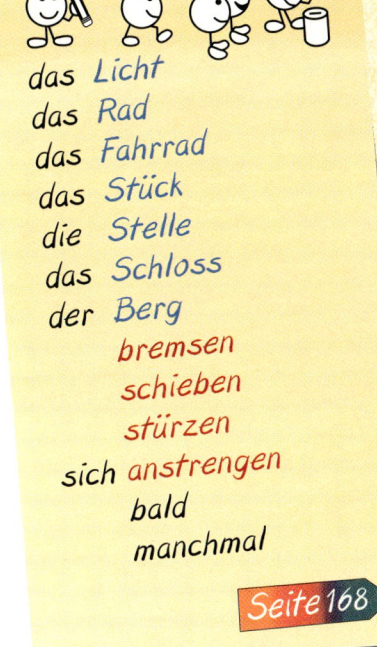

das Licht
das Rad
das Fahrrad
das Stück
die Stelle
das Schloss
der Berg
bremsen
schieben
stürzen
sich anstrengen
bald
manchmal

Seite 168

3 **Fahrrad – Stein – Rucksack**
Schreibe eine Geschichte, in der alle drei Wörter wichtig sind.

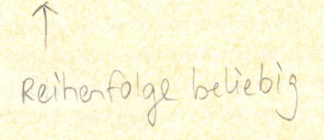

Stationen für einen Übungsplatz ausdenken;
Fahrübungen mit dem Rad durchführen

Sicher mit dem

1 Schreibt für jede Station auf dem Übungsplatz ein Plakat oder eine Karteikarte.

2 Denkt euch eigene Stationen aus. Beschreibt und zeichnet sie.

3 Entscheidet gemeinsam:
– Aus welchen Stationen soll der Übungsplatz bestehen?
– In welcher Reihenfolge sollen die Stationen durchfahren werden?

Genau in der Spur fahren. Dabei einmal die linke Hand und einmal die rechte Hand auf den Rücken legen.

So langsam wie möglich fahren. Ball greifen und in den Papierkorb werfen.

Profi-Punkte für Radfahrer
- das Gleichgewicht halten
- über Hindernisse fahren
- schnell bremsen
- ausweichen
- langsam Kurven fahren
- zwischen Hindernissen hindurchfahren
- auf ein plötzlich auftauchendes Hindernis reagieren
- punktgenau bremsen
- enge Kurven fahren
- …

Kontrollbogen
Klasse:
Name:

	😊	☹
Station 1: Hindernis	✓	
Station 2: Handwechsel		
Station 3: Ball		
Station 4:		

4 In welchen Situationen im Straßenverkehr helfen euch die Profi-Punkte, wenn ihr sie gut beherrscht?

Rad fahren

einen Text und Wörter mit V/v als Abdeckdiktat üben; nach Vorgabe einen Text schreiben

Auf dem Übungsplatz

Heute Vormittag ist die Klasse 3a auf dem Übungsplatz.
Besime und Meike überprüfen zuerst ihre Räder.
Sie sehen die Vorderbremsen nach. Jetzt können
sie mit dem Übungsprogramm anfangen.
Vorsichtig fahren sie die engen Kurven in der
Slalomstrecke.
Danach üben sie schnell zu bremsen und sicher zu
halten. Domenico schreibt von allen die Punktzahl auf.
Die Mädchen vergleichen ihre Ergebnisse.

die Übung
der Verkehr
der Platz
der Punkt
das Programm
die Zahl
halten
anfangen
sicher
jeder
zuerst
jetzt

Seite 169

1 Lies immer einen Satz aufmerksam durch.
Merke dir einen Teil des Satzes.
Decke den ganzen Satz ab und schreibe
den Satzteil auswendig auf.
Vergleiche und verbessere sofort.

2 Welche Wörter mit **V/v** kommen im Text vor?
Unterstreiche sie in deinem Heft.

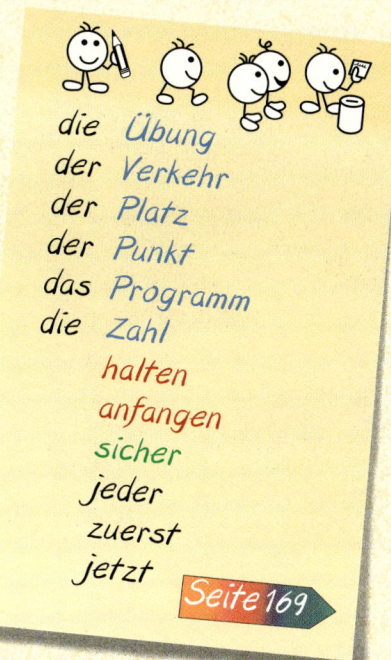

3 Übe als Abdeckdiktat die Wörter mit
V/v aus deiner Wörterliste.
Oder:
Suche im Wörterbuch Wörter mit **V/v**,
die du dir merken möchtest.
Schreibe sie auf.

Annes Fahrrad

Anne ist mit Florian verabredet. Doch wer wieder mal
nicht pünktlich kommt, ist natürlich Florian. Anne geht
ans Fenster und schaut auf die Straße. Wo Florian nur bleibt?
Wenn er nicht bald kommt, wird es dunkel, und sie können
den Fahrradausflug vergessen. Anne kann ihr Rad
im Ständer gut erkennen. Doch was ist das?
In diesem Moment schnappt sich gerade ein großer,
hagerer Junge ihr Rad, holt Schwung und rast davon.
Anne reißt das Fenster auf und schreit: „Was machst du da?" ...

4 Kann Anne ihr Fahrrad retten? Erzähle, wie die Geschichte weitergeht.
Oder:
Stell dir vor, dein Fahrrad wird gestohlen und du zeigst den Diebstahl bei der Polizei an.
Spielt die Anzeige bei der Polizei nach.

Situation „Radfahrer und Fußgänger auf dem Gehweg" besprechen; Verkehrsschilder und deren Bedeutung kennen; Vorfahrtsregeln kennen

Vorsicht im

1 Was denken und reden die Personen?

2 Spielt das Gespräch nach.

3 Wie würdet ihr den Arbeitern beim Aufstellen der Schilder helfen?

4 Wer darf zuerst fahren, solange noch keine Schilder stehen?

5 Zu welchen Verkehrsschildern gehören die vier Bedeutungen?

„Hast du den Plan dabei, wie wir die Schilder aufstellen sollen?"

- Kreuzung! Vorfahrt von rechts
- Durchfahrt nur in Pfeilrichtung
- Einfahrt verboten
- Straße nur für Kraftfahrzeuge

100

Straßenverkehr

Satzglieder zu einem Text zusammenbauen; Satzgegenstand (Subjekt) und Satzaussage (Prädikat) kennzeichnen; zusammengesetzte Nomen mit „Verkehr" bilden

Die Satzbaumaschine

1 Marco und Janina
2 Der Junge
7 Die Tasche
3 Ein älterer Mann
4 Janina
6 Janina
5 Sie

3 kommt
2 verfolgt
4 schaut
5 übersieht
6 streift
7 liegt
1 fahren

4 nach Marco.
3 vom Einkaufen.
2 seine Freundin.
5 den älteren Mann.
6 seine Einkaufstasche.
7 auf dem Weg.
1 auf dem Radweg.

1 „Füttere" die Satzbaumaschine mit den Satzgliedern. Wenn du alles richtig machst, entsteht ein Text, der zu den Bildern passt.

2 Unterstreiche Satzgegenstand (Subjekt) und Satzaussage (Prädikat) mit verschiedenen Farben.

3 Hier ist viel Verkehr. Bilde zusammengesetzte Nomen. Zum Beispiel: *Busverkehr, Verkehrsinsel, …*

101

Lollipop

1 **Das Fahrrad der Zukunft**

Im Jahr 2222 sehen Fahrräder
sicher ganz anders aus als heute.
Male ein Bild von deinem „Future-Bike".
Beschrifte die Teile.

Du hast in einem Preisausschreiben den 1. Preis gewonnen:
Zwei Wochen auf Fahrradtour in einem Land deiner Wahl!

2 In welches Land willst du gern reisen? Du kannst dort viel erleben.
Schreibe deine Fahrrad-Geschichte auf.
Oder:
Erzähle von einer Fahrradtour mit dem „Future-Bike" im Jahr 2222.

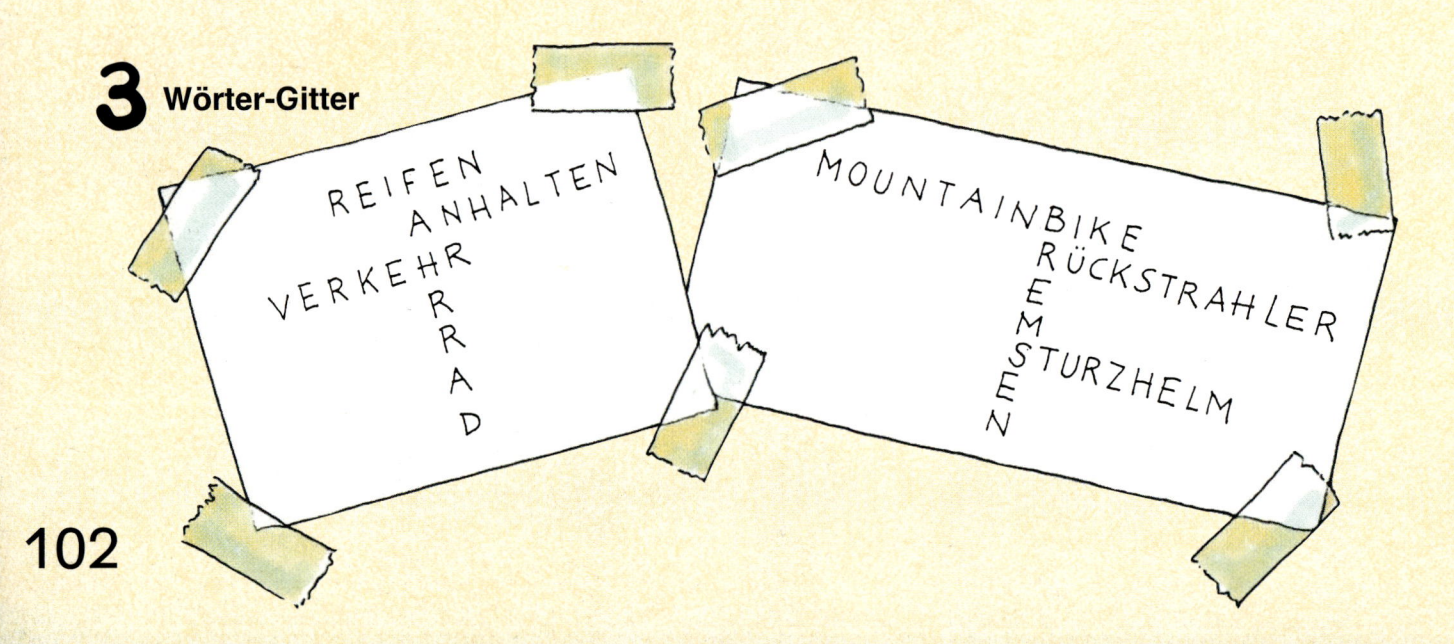

3 **Wörter-Gitter**

REIFEN
ANHALTEN
VERKEHR
     R
     R
     A
     D

MOUNTAINBIKE
   RÜCKSTRAHLER
   E
   M
   STURZHELM
   E
   N

102

Das alles ist Wasser

Alte Geschichten erzählen von geheimnisvollen Wesen, die in den Tiefen der Meere leben. Ab und zu müssen sie auftauchen und scharfäugige Seeleute können dann einen kleinen Zipfel von ihnen entdecken. Aber wie könnte ihre ganze Gestalt wohl aussehen? Und welche Namen gibt es für sie?

über die Verteilung des Wassers auf der Erde sprechen;
mit Hilfe eines Sachtextes gezielt Fragen beantworten;
einen Versuch durchführen und interpretieren

Wie Wasser

Wasser auf der Erde

Zwei Drittel der Erdoberfläche sind von Wasser bedeckt. Die Hauptmenge des Wassers besteht aus dem Salzwasser der Meere. Nur ein kleiner Teil der gesamten Wassermenge ist Süßwasser, das Tiere und Menschen trinken können. Das Süßwasser ist in Seen, Flüssen und im Grundwasser.

Aber mehr als doppelt so viel Süßwasser gibt es in fester Form: in den riesigen Eismassen der Antarktis am Südpol der Erde, in Grönland und in den Gletschern der Gebirge. Ein Teil des Wassers befindet sich unsichtbar in der Luft. Es ist das verdunstete Wasser. Wenn es wieder sichtbar wird, sind es winzige Tröpfchen in den Wolken.

1 Findet die Antworten heraus.
- Gibt es auf der Erde mehr Land oder mehr Wasser?
- Wo auf der Erde befindet sich das Salzwasser und wo das Süßwasser?
- Für welche Lebewesen ist das Salzwasser wichtig?
- In welchen Formen gibt es das Wasser? Achtung! Es sind drei verschiedene.

2 Beantworte jede Frage mit einem Satz.
Wasser auf der Erde

Wie viel Wasser ist in einem Menschen?

3 **Ein besonderer Apfel-Test**

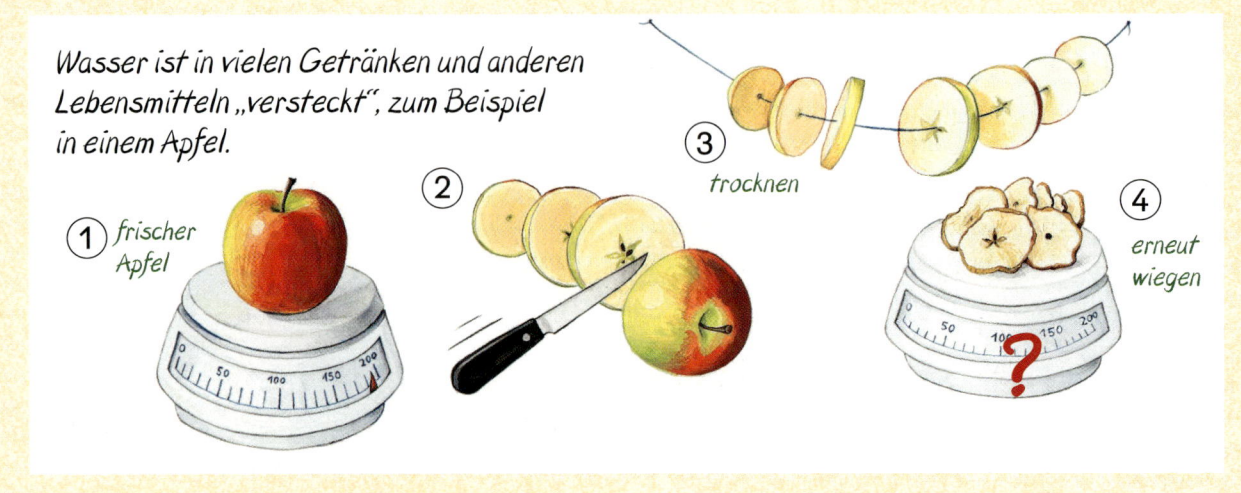

Wasser ist in vielen Getränken und anderen Lebensmitteln „versteckt", zum Beispiel in einem Apfel.

① frischer Apfel
②
③ trocknen
④ erneut wiegen

sein kann

Adjektivpaare in Rätseltexten verwenden und einander zuordnen; verschiedene Bezeichnungen für Wasser in Satzzusammenhängen verwenden

Welches Element ist mal so oder so?

Es kann fest sein oder ...?
Mal ist es sichtbar, mal ist es ...
Manchmal ist es ..., manchmal trüb.
Bei uns gibt es reichlich davon,
woanders ist es ...
Es kann kalt sein, aber auch ...
Meistens fühlt es sich nass an,
aber manchmal auch ...
Schließlich kann es ... oder hart sein.
Es heißt: ... Aber es hat noch viele Namen.

flüssig   klar   knapp   warm
unsichtbar   trocken   weich

1 Schreibe den Rätseltext ab und setze dabei die fehlenden Adjektive ein.
Ergänze den Namen des rätselhaften Elements.
Sprecht über eure Lösungen.

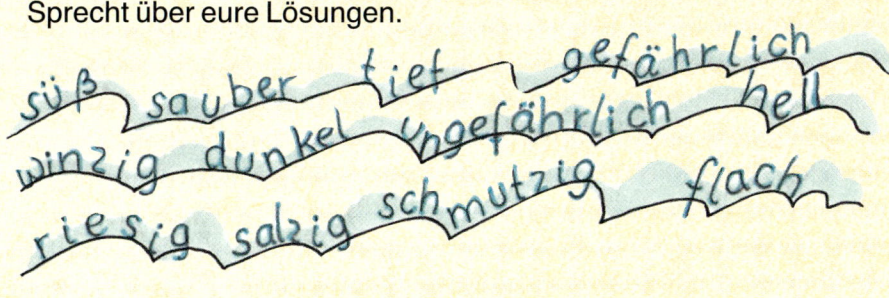

süß sauber tief gefährlich
winzig dunkel ungefährlich hell
riesig salzig schmutzig flach

2 Immer zwei Adjektive gehören zusammen. Schreibe mit diesen Adjektiven einen ähnlichen Text wie oben.
Oder:
Schreibe alle Adjektiv-Paare auf: aus dem Text oben und von dieser Aufgabe.

3 Wasser hat viele Namen. Schreibe von jedem Foto auf, wie das Wasser heißen kann und in welcher Form es auftritt.
Schnee ist festes Wasser. ...

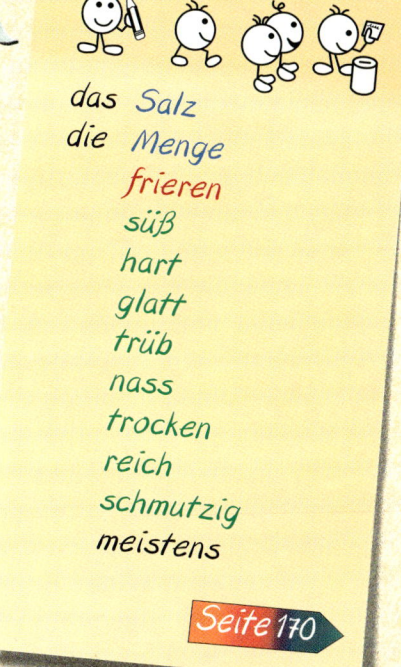

---

das Salz
die Menge
frieren
süß
hart
glatt
trüb
nass
trocken
reich
schmutzig
meistens

Seite 170

Vermutungen anstellen und mit einfachen Versuchen überprüfen; ein Versuchsprotokoll anlegen

Wasser hart

- Wenn das viele Eis taut, gibt es eine Katastrophe.
- Eisberge sind abgebrochene Eisbrocken.
- Im ewigen Eis können Menschen nicht leben.
- U-Boote können unter dem Nordpol durchtauchen.
- Ewiges Eis gab es nur in der Eiszeit.
- Am Südpol ist Land, das von einer dicken Eisschicht bedeckt ist.

1 Jeder weiß etwas über das „feste Wasser" auf der Erde. Aber nicht jede Information ist richtig.

2 Wasser wird zu Eis – Eis wird zu Wasser

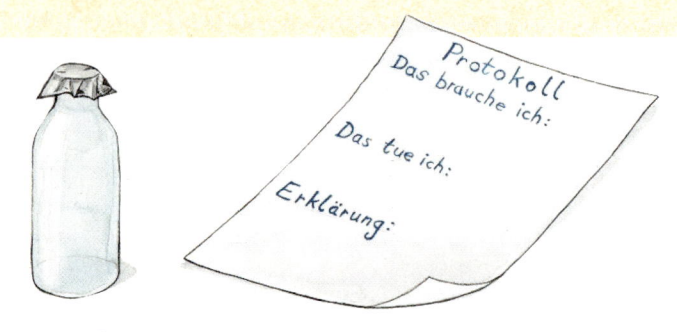

Fülle die Plastikflasche randvoll mit Wasser. Verschließe sie locker mit Alufolie.

Stelle die Flasche in das Gefrierfach des Kühlschranks oder in die Tiefkühltruhe.

Hole die Flasche nach einem Tag wieder heraus.

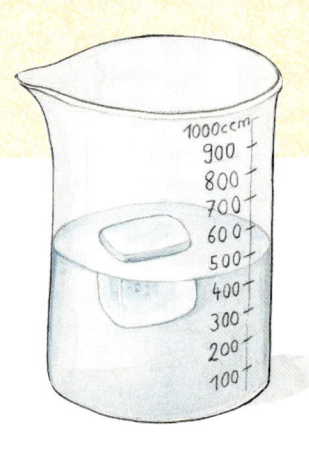

Lass ein dickes Eisstück in einem Messbecher schwimmen.

Was wird geschehen, wenn das Eis geschmolzen ist?

Besprecht eure Meinungen, bevor ihr den Versuch durchführt.

106

wie Stein

*Verständnisprobleme klären;
nach Vorgaben ein Informationsblatt schreiben;
in Expertengruppen Informationen einholen;
zu einem Bild/Thema fabulieren*

Ein Leben im Eis

Rund um den Nordpol erstreckt sich das riesige Gebiet der Arktis. An seinen Küsten leben die Eskimo. Sie selbst nennen sich Inuit. Dort wo sie wohnen, ist es fast immer kalt und die Erde ist gefroren. In der Winterzeit, der Polarnacht, wird es tagsüber nie richtig hell.
Die Polarnacht dauert etwa ein halbes Jahr. In der anderen Hälfte des Jahres, im Polarsommer, wird es nicht dunkel. Die Sonne steht auch nachts am Himmel und geht nicht unter. Für kurze Zeit grünt und blüht es dann an den Küsten.
Die Inuit mussten sich nach der Natur und den Tieren richten, um nicht zu verhungern oder zu erfrieren. Sie wanderten dorthin, wo sie jagen und essen konnten. Was sie an Fleisch und Fisch nicht gleich verbrauchten, trockneten sie als Vorräte. Bei ihren Wanderungen und auf der Jagd waren sie mit Hundeschlitten unterwegs. Bei diesen Gelegenheiten bauten sie aus großen Schneeblöcken ihre Unterkünfte und nannten sie Iglu.
Im Sommer hatten sie Zelte aus Tierfellen.

Das Leben der Inuit

Wo sie leben:

Wie sie sich nennen:

Wovon sie lebten:

Wie sie wohnten:

Was heute anders ist:

1 Erzähle einem anderen Kind, welche Informationen aus dem Text für dich besonders interessant oder neu sind. Versuche die fett gedruckten Wörter zu erklären.

2 Schreibe ein Informationsblatt über die Inuit.

3 Heute hat sich im Leben der Inuit vieles verändert.
Bildet Expertengruppen und tragt Informationen zusammen.

4 Bei den Inuit galt das Geschichtenerzählen als Kunst.
In der langen Polarnacht saßen die Familien beisammen und erzählten einander Geschichten.
Viele handelten von Nanuk, dem Eisbären.
Er ist der König des Eises ...

107

einen Garten im Glas einrichten, pflegen und beobachten; Wasserkreisläufe in der Natur beschreiben

Wo bleibt

1 Ein Garten im Glas

Fülle in das Glas eine Schicht aus Kies und Holzkohle, etwa 3 cm hoch.

Darüber kommt eine Schicht Blumenerde, etwa doppelt so hoch.

In die Erde kannst du Pflanzen einsetzen. Geeignet sind: Usambaraveilchen, Grünlilien und Bogenhanf.

Gieße die Pflanzen etwas an, auch der Boden sollte etwas feucht sein.

Zum Schluss wird das Glas mit durchsichtiger Folie luftdicht verschlossen. Stelle es auf die Fensterbank. Gelegentlich müssen abgestorbene Blätter entfernt werden.

2
Wie oft muss man diesen Garten gießen? Was vermutet ihr? Beobachtet über längere Zeit, was im Glas geschieht. Besprecht eure Beobachtungen.

3
Beim Wasser dreht sich viel im Kreis.

4
Beschreibe einen der drei Wasser-Kreisläufe.

108

das Wasser?

Vermutungen und Beobachtungen notieren und bewerten; Sätze geordnet aufschreiben; Wörter mit Qu/qu üben; ein Gedicht verstehen und vortragen

An der Klarsichtfolie oder am kühlen Glas entstehen kleine Wassertropfen. (Tim)	Die Blätter und Blüten atmen die Feuchtigkeit aus. (Evi, Hanna)	Das Wasser steigt in der Pflanze bis in die Blattspitzen. (Paul, Nino)
An jedem dritten Tag wird die Pflanze gegossen, weil sie sonst vertrocknet. (Robert, Sandra)	Die Wassertropfen fallen herab und versickern im Boden. (Lena)	Die Holzkohle erwärmt das Wasser im Boden. (Ulrike, Kolja)
Die Pflanzen nehmen mit ihren Wurzeln Wasser aus dem Boden auf. (Ines)	Das Wasser verdunstet und wird Wasserdampf. (Oliver)	Der Wasserdampf kühlt sich ab und kondensiert. (Anna, Çihat)

1 Die Kinder haben ihre Vermutungen und Beobachtungen aufgeschrieben. Nina behauptet: „Dieser und dieser Notizzettel stimmt nicht."

die Wurzel
die Quelle
das Glas
beobachten
tropfen
berichten
feucht
dicht
kühl

Seite 171

2 Schreibe die Sätze, die richtige Beobachtungen und Vermutungen enthalten, in einer sinnvollen Reihenfolge auf: *Ein Garten im Glas*
Die Pflanzen nehmen mit ihren Wurzeln ...

die quelle

ich quill, ich quill, ich quill
ich quill immer es anders sagen
habe immer es schon anders sagen quollen
und quill es auch jetzt
und will es auch künftig quollen
                                   ernst jandl

bequem Quelle quasseln
quellen Aquarium quälen
quetschen quaken Qual
quer

3 Wenn du das Gedicht etwas veränderst, kannst du es verstehen.

4 Übe das Gedicht mit seinen besonderen Wörtern gut vorzutragen.

5 Schreibe die Wörter mit **Qu/qu** auf, die aus der Quelle sprudeln. Ergänze die Liste mit Wörtern aus deinem Wörterbuch.

über den sorgsamen und sorglosen Umgang mit Wasser sprechen; den Wasserverbrauch in der eigenen Familie feststellen

Wasserüberfluss und

Ganz schön praktisch! Du drehst am Wasserhahn und schon fließt sauberes Wasser. Du erlebst das immer wieder. Denn du verbrauchst immer wieder am Tag Wasser.

Gibt es das überhaupt – Wasser aus der Erde, das du gleich trinken kannst?

Wassernot in Kimbachtal
„Ich war gerade dabei, Gemüse zu putzen, da kamen nur noch einige schmutzige Wassertropfen." Entsetzt schilderte Herr Werner Schmid die Situation. Ein Rohr unter der Straße war geplatzt. Aus einem breiten Spalt spritzte das Wasser und bildete schnell riesige Pfützen. Aber trotzdem gab es schon bald wieder sauberes Wasser. Denn die Feuerwehr füllte auf dem Dorfplatz aus einer Spritze die Eimer und Wannen.

1 Finde heraus, wie viel Wasser deine Familie an einem Wochenende zu Hause verbraucht.
Notiere für jeden Tag den Verbrauch in einer Liste.

2 Überlege, wie man herausfinden kann, wie viel Wasser deine Familie in einer Woche verbraucht.
Vergleicht die Berechnungen in der Klasse.

Wasserverbrauch am: _____

	🪥	🚿	🛁	🚽	🧺
ich selbst	//	/		///	
mein ...					

Durchschnittlicher Wasserverbrauch für einmal

Waschen und Zähneputzen am Waschbecken	8 Liter
Duschen	50 Liter
Baden in der Wanne	160 Liter
Toilettenspülung	10 Liter
Wäschewaschen	70 Liter
Kochen	2 Liter
Geschirrspülen	6 Liter

3 Ohne Wassersparen geht es nicht.

4 Sammelt Vorschläge für eine Wasserspar-Liste.
Malt dazu ein Wasserspar-Poster für zu Hause.

Wassernot

über Bild- und Textinhalte nachdenken und sprechen;
Wörter mit ck und tz üben; Trennung von tz und ck
lernen; Geschichten in Bildern entdecken

Wassernot in vielen Städten Indiens

Shanta bekam einen Schreck, als sie die vielen Mädchen am Wasserbecken erblickte. Die Reihe reichte zurück bis zur Straßenecke. Langsam rückten die Mädchen Stück für Stück vor. Endlich war Shanta dran. Sie bückte sich unter den Wasserstrahl und nahm einen Schluck. Das Wasser schmeckte dreckig. Sie spuckte es aus. Aber trotzdem füllte sie den Krug und trug ihn auf dem Kopf nach Hause zurück.

1 Manchmal bringt eine Wassernot wirklich Not. Denkt über die Bilder und die Texte dazu nach.

2 Lies die beiden Texte über eine Wassernot noch einmal genau. In einem Text findest du viele Wörter mit **tz**, in dem anderen mit **ck**. Schreibe die Wörter geordnet nach **tz** und **ck** heraus.

3 Immer zwei Wörter reimen sich.

setzen	die Brücke
die Mütze	die Pfütze
hacken	die Hecke
packen	verletzen
die Mücke	kratzen
schmatzen	die Decke

4 Trenne die 12 Wörter nach Silben:
setzen, set-zen, die Brücke, die Brü-cke, ...

Den wahren
Geschmack
des Wassers
erkennt man
erst in der Wüste.

Afrikanisches Sprichwort

etwas über heilende und mythologische Bedeutung des Wassers erfahren und erkunden

Geschichten

Der Ganges ist ein Fluss in Indien. Sein Wasser gilt bei vielen Menschen als heilig. Besondere Kraft soll es bei der Stadt Varansie haben. Dort hat sich nach einer Legende der Gott Shiva gewaschen. Wer im Ganges badet, der wäscht seine Sünden ab – so heißt es bei den Gläubigen. Heiliges Wasser gibt es aber nicht nur in Indien.

Viel Wundersames wurde von der Heilkraft des Wassers erzählt. Das Wasser bestimmter Brunnen sollte gegen Fieber oder Zahnweh helfen. Das Wasser anderer Brunnen sollte Klugheit und Schönheit verleihen. Und es gab Jungbrunnen. Wer darin badete, kam angeblich jung und gesund wieder heraus.
Auch heute vertrauen viele Menschen auf die Heilkraft des Wassers.

Schon bei den Römern gab es öffentliche Bäder. Sie hießen Thermen. Dort gab es Becken mit kaltem, mit warmem und mit heißem Wasser. In den Thermen gab es außerdem Massageräume, Saunas, Sporthallen ... Die Menschen gingen nicht nur dorthin um sich zu reinigen. Sie trafen sich zum Vergnügen. Sie wollten im Wasser und auf den Ruhebänken entspannen oder sich sportlich trainieren, oft aber auch nur Neuigkeiten austauschen.

1 Sprecht über die Texte. Warum ist das Wasser für die Menschen in diesen Beispielen wichtig? Welche Überschriften könnten die Texte haben?

2 Wasser brauchen wir zum Trinken, zum Kochen, zum Waschen ... Aber es hat auch noch anderen Nutzen für die Menschen. Auch heute gibt es viele Beispiele.
Die besonderen Eigenschaften des Wassers

vom Wasser

*einen Text mit verteilten Rollen lesen;
die wörtlichen Redeteile herausschreiben;
Schreibhinweise für eine Fortsetzungsgeschichte beachten*

Im Märchen kommt es vor, dass jemand in den Brunnen springt, ohne zu ertrinken.
Manchmal bringt so ein Sprung Glück und Gesundheit. So landet zum Beispiel
die Goldmarie in dem Märchen „Frau Holle" auf einer blühenden Wiese.
Sie kehrt schließlich reich beschenkt wieder auf die Erde zurück.
Manchmal kann der Weg durch den Brunnen aber auch in ein Gefängnis führen.

Die Wassernixe

Ein Brüderchen und ein Schwesterchen spielten an einem Brunnen.
Und wie sie so spielten, plumpsten sie plötzlich hinein.
Unten war eine Wassernixe. Die sprach:
Endlich habe ich euch! Was willst du
von uns?, fragten ängstlich die Kinder.
Ihr sollt für mich arbeiten. Das Mädchen muss Flachs spinnen
und Wasser holen. Der Junge soll einen Baum abhauen.
Als die Kinder wieder allein waren, fragte das Mädchen:
Wie soll ich mit einem hohlen Fass Wasser tragen können?
Und der Junge fragte: Wie kann ich mit einer
stumpfen Axt einen Baum abhauen? Da schlug das
Mädchen vor: Lass uns am Sonntag fliehen,
wenn die Nixe in der Kirche ist …

1 In dem Märchen fehlen die Redezeichen. Versucht es trotzdem mit verteilten Rollen zu lesen.

2 Schreibe die wörtlichen Redeteile heraus: *„Endlich habe ich euch!"* …

Als die Kirche vorbei war, merkte
die Nixe, dass die Kinder geflohen waren,
und setzte ihnen mit großen Sprüngen nach.
Als sie den Kindern schon dicht auf den Fersen war, warf das Mädchen …

3 Schreibe das Märchen zu Ende. In den Bildern findest du Hinweise. Ob die Kinder die Nixe besiegen konnten?

113

Lollipop

Schwimmende Sätze

in the sea — im Sommer — u moru — la mer — nel mare — nado — in estate — en el mar — im Meer — in summer — ja plivam — je nage dans — en verano — ich schwimme — en été — I swim — naljeto — nuoto

1 Hier „schwimmt" immer der gleiche Satz, aber in verschiedenen Sprachen.
Die Teile, die zusammengehören, haben die gleiche Farbe.
Findest du noch mehr Beispiele?

Nachdenkliches

Wenn der Eisbär
nicht so weiß wär
und das Eismeer
siedend heiß wär,
wär der Eisbär
Gott wer weiß wer,
nur kein Eisbär.

Manfred Schlüter

Wenn Nina an die Farbe „Weiß" denkt, fallen ihr diese Wörter ein: **Schnee, Taube, Eisbär, Wolke.** Wenn sie an die Farbe „Schwarz" denkt, fällt ihr das Wort **Kohle** ein. Mit ihren vier weißen Wörtern und dem schwarzen Wort hat Nina einen Text geschrieben:

*Aus den Wolken kam dicker Schnee.
Er fiel auf vier Eisbären und drei
Tauben, die auf der Straße saßen.
Plötzlich kam ein Auto mit Kohlen.
Es hupte: Weg mit euch!*

2 Hier steht ein langer, nachdenklicher Satz über den Eisbären. Schreibe ihn richtig auf und male ein „nachdenkliches" Bild dazu.
Oder:
Denke dir einen eigenen langen, nachdenklichen Satz über den Eisbären aus.

3 Notiere vier Wörter, an die du bei der Farbe „Blau" denkst, und ein Wort für die Farbe „Gelb". Schreibe mit deinen farbigen Wörtern einen Text.

Liebe geht durch den Magen

Der Maler Pieter Brueghel hat im Jahr 1567 aufgemalt, wie er sich einen Ort vorstellt, wo es lauter leckere Sachen gibt: das Schlaraffenland. Im zweiten Bild haben die faulen Herren noch mehr gegessen. Fünf Dinge sind verschwunden.

*von eigenen Erlebnissen mit dem Essen erzählen;
vorgegebene Situationen auf ihre Bedeutung hin interpretieren*

... macht uns

Das Lieblingsessen

Björns Mutter hat Nudeln mit Tomatensoße gekocht. Das ist Björns Lieblingsessen! Aber heute mag er nur vier Gabeln voll. Lustlos rührt er auf dem Teller herum. „Was hat dir denn den Appetit verschlagen?", fragt seine Mutter. Björn hebt die Schultern. Er erzählt nichts von dem Streit mit seinem Freund Alex. Da klingelt das Telefon. „Es ist Alex", ruft die Mutter. Auf einmal hat Björn einen Riesenhunger!

Der Profi

Für einen Wettkampf brauche ich viel Kraft. Die bekomme ich durch gutes Training und die richtige Ernährung. Eine Expertin berät mich und rechnet genau aus, was ich essen darf. Für morgen steht auf meinem Speiseplan:

1. Frühstück: Tee o. Zucker, 2 Brötchen mit Butter, 1 Scheibe Vollkornbrot, 2 Scheiben Käse, 3 Scheiben Corned Beef, 2 Portionen Honig.
2. Frühstück: Kakao (0,5 l), 1 Apfel, 1 Orange
Mittagessen: Tomatensaft, 2 Schnitzel, 1 Portion grüne Bohnen, 5 mittlere Kartoffeln, 1 Portion Eis.
Nachmittags: Milch (0,5 l), 4 Scheiben Knäckebrot mit Margarine und Leberwurst.
Vor dem Training: 1 Fl. Nährstoffgetränk.
Abends: Mineralgetränk (0,5 l), Grapefruitsaft (1 l), 1 Schale Kräuterquark, 2 Scheiben Butterbrot, 2 Tomaten.

1 Was erzählen die Bilder und Texte vom Essen?

2 Meine Geschichte vom Essen
Oder:
Male ein Bild zu diesem Thema.

3 Was macht Appetit?
Was verdirbt den Appetit?

stark und schlapp

Stichwörter zu einem Bild notieren; Geschichten erfinden; Redensarten entschlüsseln, erklären und sammeln

Im Schlaraffenland

1. Schreibe in Stichwörtern auf, was du auf dem Bild vom Schlaraffenland entdeckst und was dir dazu einfällt.

2. Erfinde eine Geschichte, die du im Schlaraffenland erlebt hast. Schreibe mit Hilfe deiner Stichwörter einen Text. Schreibe in der Vergangenheit.

3. Lies einem anderen Kind deinen Text vor. Passt der Text zu dem Bild? Hast du die Zeitstufe beachtet?

Abenteuer-Urlaub
Einmal im Urlaub stiegen wir über einen hohen Berg. Ich war schrecklich durstig und mein Magen knurrte. Auf der anderen Seite des Bergs waren wir plötzlich ...

Reise ins Schlaraffenland
Gestern wollte mir das Mittagessen gar nicht schmecken. Da schnipste ich drei Mal mit den Fingern und schon war ich ...

Redensarten vom Essen

Gut gekaut ist halb verdaut.
Voller Bauch studiert nicht gern.
Ist die Maus satt, schmeckt das Mehl bitter.
Kugelrund ist nicht gesund.
Das Auge isst mit.

4. Entschlüssle die Redensarten und schreibe sie auf. Schreibe immer eine kurze Erklärung dazu. Zwei Redensarten passen zu Bildern auf Seite 116.

5. Es gibt noch andere Redensarten vom Essen und Trinken. Schreibt sie auf. Ihr könnt auch Bilder dazu malen.

sich über die Verdauung informieren; mit einfachen Experimenten etwas über den eigenen Körper erfahren

Gut gekaut ist

Energie muss her!

Damit dein Herz pumpen kann, die Lunge atmet, damit du warm bleibst, Sport treiben kannst – immerzu braucht dein Körper Energie, sogar beim Schlafen. Aus der Nahrung kann er die Energie bekommen. Alles, was du isst und trinkst, macht eine Reise durch deinen Körper.

Die verschiedenen Bestandteile der Nahrung müssen erst einmal aus dem Essen herausgeholt werden. Das passiert, wenn dein Körper die Nahrung verdaut: Bei der Verdauung wird das Essen immer weiter zerkleinert und in seine Bestandteile zerlegt.

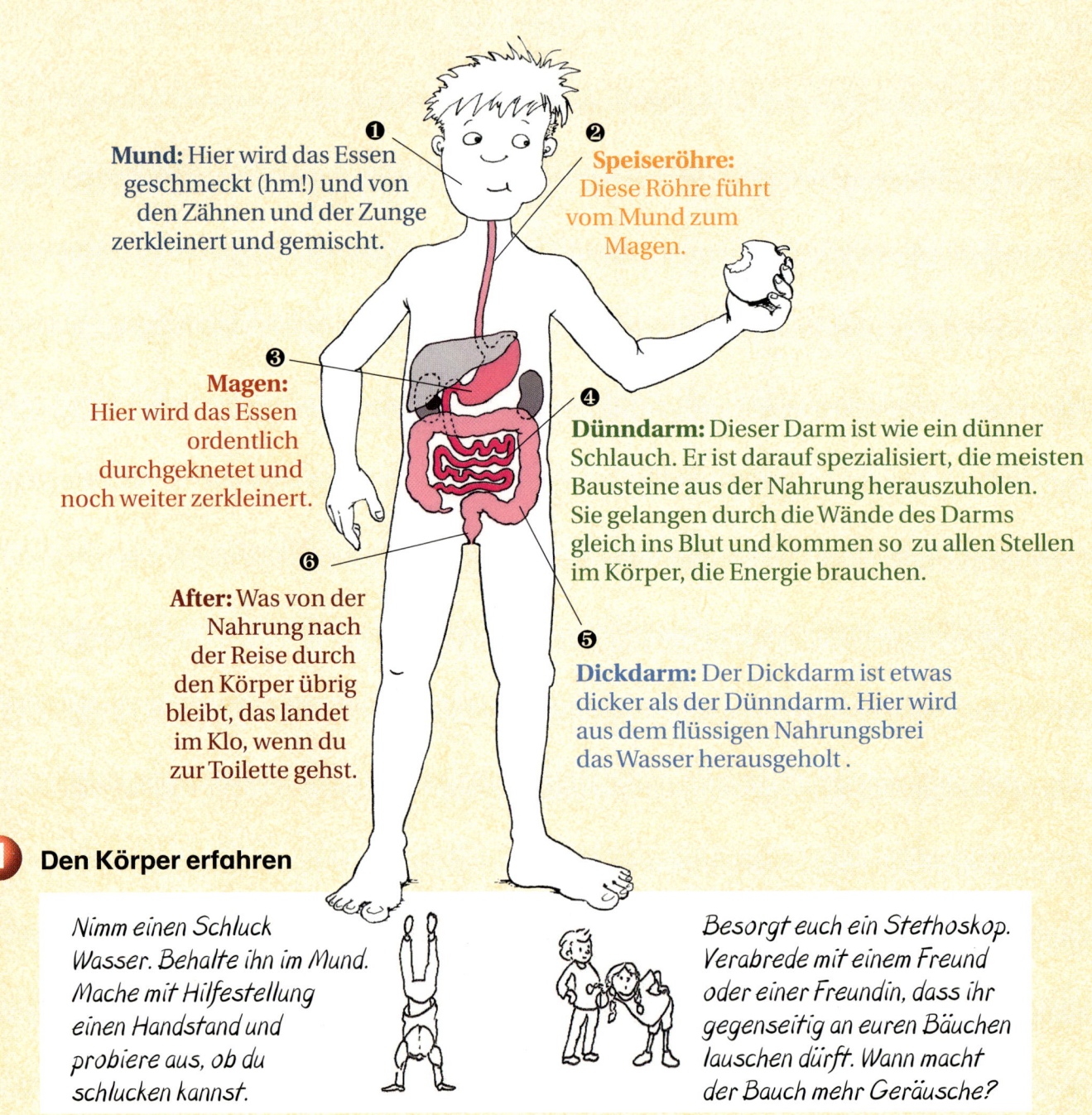

❶ Mund: Hier wird das Essen geschmeckt (hm!) und von den Zähnen und der Zunge zerkleinert und gemischt.

❷ Speiseröhre: Diese Röhre führt vom Mund zum Magen.

❸ Magen: Hier wird das Essen ordentlich durchgeknetet und noch weiter zerkleinert.

❹ Dünndarm: Dieser Darm ist wie ein dünner Schlauch. Er ist darauf spezialisiert, die meisten Bausteine aus der Nahrung herauszuholen. Sie gelangen durch die Wände des Darms gleich ins Blut und kommen so zu allen Stellen im Körper, die Energie brauchen.

❺ Dickdarm: Der Dickdarm ist etwas dicker als der Dünndarm. Hier wird aus dem flüssigen Nahrungsbrei das Wasser herausgeholt.

❻ After: Was von der Nahrung nach der Reise durch den Körper übrig bleibt, das landet im Klo, wenn du zur Toilette gehst.

① Den Körper erfahren

Nimm einen Schluck Wasser. Behalte ihn im Mund. Mache mit Hilfestellung einen Handstand und probiere aus, ob du schlucken kannst.

Besorgt euch ein Stethoskop. Verabrede mit einem Freund oder einer Freundin, dass ihr gegenseitig an euren Bäuchen lauschen dürft. Wann macht der Bauch mehr Geräusche?

halb verdaut

mit Hilfe einer Abbildung Fachbegriffe in einen Lückentext einsetzen; Verdauungsregeln aufschreiben; über eine englische Redensart nachdenken; Wörter mit Mitlauthäufungen üben

Eine Reise durch deinen Körper

Zuerst werden die Speisen im … von den Zähnen zerkaut. Anschließend rutschen die nun flüssigen Bissen durch die … in den … . Danach kommt der Brei in den … . Hier helfen die Gallenblase und die Bauchspeicheldrüse mit ihren scharfen Säften bei der Verdauung. Vom … wandert der Brei weiter in den … . Wenn genug Nahrungsreste zusammengekommen sind, schiebt der … sie durch den … aus dem Körper – ins Klo.

1 Schreibe den Text in dein Heft. Ergänze mit Hilfe der Abbildung die richtigen Bezeichnungen.

Ein paar Verdauungsregeln

Wer gut kaut,
- der isst nicht zu hastig.
- tut etwas für die Gesundheit der Zähne.
- hilft dem Magen.
- kann sich nicht verschlucken.
- zerkleinert sein Essen bereits im Mund gründlich.

2 Drei Regeln treffen zu. Schreibe sie auf und merke sie dir gut, wenn du etwas isst und trinkst.

„An apple a day keeps the doctor away!" –
Das ist Englisch. Übersetzt heißt der Satz:
„Ein Apfel täglich bloß, macht den Doktor arbeitslos!"

Ein lustiger kleiner Satz, der es in sich hat.

Besondere Nahrungsmittel

3 Setze die Namen der Nahrungsmittel richtig zusammen. Unterstreiche die vielen Mitlaute in der Mitte der Wörter.

die Reise
das Obst
der Fisch
der Zucker
das Herz
das Fleisch
der Quark
schmecken
schieben
satt
gesund
scharf
genug
zuerst
paar

Seite 172

wesentliche Bestandteile von Nahrungsmitteln kennen lernen; sich über die Kartoffel als Nutzpflanze informieren; Kartoffelstärke gewinnen

Die Kartoffel

Eine tolle Knolle

Man sieht es ihr nicht an, aber die Kartoffel ist eine tolle Knolle. Sie enthält alle Bestandteile, die wir für unsere Ernährung brauchen. Darum ist sie zu einem wichtigen Nahrungsmittel geworden.

Eiweiß, Vitamine, Mineralien, Fett, Spurenelemente, Kohlenhydrate

Blüte, Beere, Blatt, Mutterknolle, Stängel, Ausläufer mit junger Knolle, Wurzel

<u>Eiweiß, Fett und Kohlenhydrate:</u> Das sind die Baustoffe und Energiespender, mit denen unser Körper aufgebaut und versorgt wird. Davon braucht er immer wieder Nachschub.

<u>Mineralien:</u> Sie sind wichtig, damit unser Körper gut funktionieren kann. Zum Beispiel macht Kalzium die Knochen stark.

<u>Wasser:</u> Über die Hälfte des Körpers besteht daraus. Wir brauchen es unbedingt.

<u>Vitamine:</u> Sie helfen unsere Gesundheit zu erhalten.

<u>Spurenelemente</u> braucht unser Körper nur in sehr kleinen Mengen. Zum Beispiel schützt Fluor die Zähne.

1 Kohlenhydrate schmecken

Kohlenhydrate – diesen Namen hast du wahrscheinlich schon gehört. Es ist der Fachbegriff für **Zuckerstoffe** und **Stärke**. Ein Zuckerstoff wie Traubenzucker schmeckt gleich richtig süß. Stärke kommt außer in Kartoffeln vor allem im Mehl vor und schmeckt nicht gleich süß. Doch kaue mal ein Stück Brot ganz lange. Was schmeckst du dann?

Wozu braucht dein Körper Eiweiß?

2 Stärke aus Kartoffeln herausholen

① ②
③ *Kartoffelmasse*
④ *ausdrücken*
⑤ *stehen lassen*
⑥ *abgießen*

3 Wie man die Stärke aus Kartoffeln holt
1 Eine große Kartoffel …

kennt jeder

*Fragen zu einem Text beantworten;
Wörter mit Auslautverhärtung üben, Lösungshilfen erproben;
andere Namen für Kartoffel lernen*

Woher die Kartoffel kommt

Ursprünglich stammt die Kartoffel aus Peru, einem **Land** in Südamerika. Seit 2000 Jahren bauten die Indianer dort diese Pflanze an. Sie **verpflegten** sich **häufig** mit getrockneten Kartoffeln. Spanische Seefahrer brachten die Kartoffel nach Europa. Sie **blieb** zunächst eine seltene Zierpflanze in den königlichen Gärten. Der **König** von Preußen erkannte schließlich den **Wert** der Kartoffel. Doch seine Bauern **überzeugte** er nicht so schnell. Sie **glaubten**, die Pflanze sei **giftig**. Da legte der König ein **Kartoffelfeld** an. Zum Schein ließ er es bewachen. **Neugierig** schlichen die Bauern nachts auf das **Feld**. Dort stahlen sie körbeweise die Knollen und pflanzten sie auf ihre eigenen Felder. Das hatte der König nur gewollt. So **lebten bald** viele Menschen von Kartoffeln.

1 Beantworte mit Hilfe des Textes die Fragen:
– Woher stammt die Kartoffel?
– Wer brachte sie nach Europa?
– Wie überlistete der König von Preußen seine Bauern?

2 Sprich die farbigen Wörter.
Achte auf die markierten Buchstaben.
Ah. S. 39!

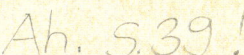

3 Welche Probe kannst du machen um zu hören, welcher Buchstabe richtig ist?
Land – Länder, verpflegten – verpflegen, häufig – ...

das Land
die Kartoffel
der Korb
das Feld
der Bauer
die Beere
das Fett
sie blieb
er gab
ernten
pflegen
halb
bald
seit

Seite 173

Namen für Kartoffel:
Tüffel
KNOLLE
Erdbirne
Kantüffel
Erpel
Aardappel
Erdapfel
Grumbeere
Bodenbirne

4 Die spanischen Seefahrer hielten die Kartoffelknollen für eine Art Trüffel. Trüffel sind Pilze, die unter der Erde wachsen. Sie nannten sie daher: **taratoufli.** Auch hier zu Lande gibt es viele Namen für die Kartoffel. Sammelt sie auf einem Plakat. Welche Verwandtschaften könnt ihr feststellen?

über Tischsitten zu Hause und in anderen Ländern sprechen

Tischsitten

Die Chinesen sind in aller Welt berühmt für ihr gutes Essen.

So kannten die Chinesen bereits vor 3000 Jahren den Reis. Von China aus verbreitete er sich in andere Länder. Auch bei den Koch- und Essgeräten fand so manches aus China in anderen Ländern seine Verbreitung. Die berühmtesten Beispiele sind die Essstäbchen und der Wok. Eine besondere Rolle kommt beim Essen den ältesten Familienangehörigen zu. Sie werden von allen geehrt.

Junge und Alte

Vor dreißig Jahren war ich neun Jahre alt. Damals schickte mich meine Mama immer kurz vor dem Essen zu meinen Großeltern. Sie waren schwerhörig und ich sollte laut „Essen!" rufen. Am Tisch fingen Opa und Oma zuerst an zu essen, dann durfte ich anfangen. „Das ist ungerecht", dachte ich. Später wusste ich, dass Jüngere so ihre Achtung vor den Älteren ausdrücken können.

Beim Essen erzählen

Beim Essen wollte ich so gerne erzählen, was alles in der Schule passiert war. Mama sagte mir immer den gleichen Satz: 吃不言睡不语. Später war mir klar, dass dies ein Sprichwort ist. Es bedeutet: „Beim Essen nicht reden, beim Schlafen nicht sprechen." „Das ist auch ungerecht", dachte ich heimlich. „Warum dürfen Erwachsene beim Essen reden, Kinder aber nicht?"

Ein schlechtes Zeichen

Eigentlich war ich ein braves Kind. Doch eines Tages beim Essen waren Oma und Mama sehr sauer auf mich. Und warum? Ich hatte die Essstäbchen in den Reis gestochen.
Oma sagte mir: „Kind, das bedeutet etwas sehr Schlechtes, was du da machst!" Mama schimpfte auch. Schließlich kam mein Papa und sagte: „Sie ist noch klein und versteht nicht, was ihr meint. Es ist schon in Ordnung, wenn sie es später nicht wieder macht. Außerdem ist es nicht gut, jemanden beim Essen zu belehren. Davon kann sie Bauchschmerzen bekommen."
Erst viel später habe ich erfahren, dass es für die Familie Unglück bedeutet, wenn man die Essstäbchen in den Reis sticht.

in China

Texte zum Thema „Essen" und „Tischsitten" schreiben

Meine Essstäbchen

Eigentlich sind die Essstäbchen mein ganzes Leben meine Freunde. Schon als ich klein war, konnte ich mit ihnen nicht nur Reis und Gemüse essen, sondern damit auch Erdnüsse ganz genau greifen. Ohne sie fallen zu lassen, steckte ich die Nüsse in den Mund. Ich war stolz wie ein Pfau.

Wenn ich zu aufgeregt war, vergaß ich oft, dass ich nicht an den Essstäbchen lutschen oder auf ihnen herumkauen sollte. Manchmal klapperte ich auch damit auf der Tischplatte. Dann schüttelte meine Mama den Kopf und sagte: „Beim Essen keine richtige Esshaltung, beim Sitzen keine richtige Sitzhaltung." In so einem Augenblick stellte ich mir vor: „Wenn ich mal ein Kind habe, kann ich es auch belehren."

Ich hätte nie gedacht, dass ich dreißig Jahre später in Deutschland lebe. Meine Tochter ist in Berlin geboren. Vor dem Essen sagt sie: „Piep, piep, piep, guten Appetit."
Solche Tischsprüche habe ich in China nie gehabt. Sie isst mit Messer und Gabel. Den Rest der Geschichte kennt ihr schon.

(Yujing Kan)

Wie man mit Essstäbchen Schnitzel isst? Das kann ich dir verraten: Beim chinesischen Essen gibt es keine so großen Fleischstücke. Fleisch, Gemüse, ... alles wird klein geschnitten, in Scheiben, in Würfel, in Streifen. Messer gehören in die Küche, nicht auf den Tisch.

1 Frau Yujing Kan erzählt davon, was sie als Kind beim Essen erlebt hat. Was ist dir fremd? Was ist dir bekannt?

2 Welche Tischsitten gibt es bei euch zu Hause?

3 Schreibe eine Geschichte darüber, was dir einmal beim Essen passiert ist.

4 Welche Tischsitten aus anderen Ländern kennt ihr?

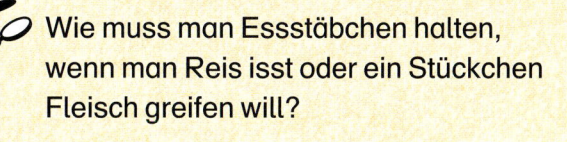

Wie muss man Essstäbchen halten, wenn man Reis isst oder ein Stückchen Fleisch greifen will?

LolliPop

Eine Geschichte ohne Ende

Eine Frau und ihr Mann aßen für ihr Leben gern Kartoffelgerichte: Bratkartoffeln, Kartoffelsalat, Kartoffelbrei, Salzkartoffeln ... Dazu gehörte immer ein frischer Salat: Gurkensalat, Tomatensalat, Bohnensalat, Eisbergsalat ... Und als Nachtisch gab es Pudding: Schokoladenpudding, Vanillepudding, Karamellpudding, Erdbeerpudding. Aber das war noch nicht alles: Für jede Speise kauften sie sich eigene Löffel, Messer, Gabeln, Teller und Schüsseln. In den Schränken, Regalen und Schubladen stapelten sich das Geschirr und Besteck.
„Wir müssen alles besser ordnen", schlug der Mann vor.

Aber nein! Viel besser ist es so: Bratkartoffelteller, Bratkartoffelschüssel, Bratkartoffelmesser, Bratkartoffel ...

Am besten so: Bratkartoffelteller Schokoladenpuddingteller, Tomatensalatteller, Kartoffelsalatteller, Vanille ...

Schließlich suchten sie: die Gurkengabelteller, die Vanillekartoffelschüssel, den Löffelpuddingbrei ...
Und so ging's weiter und weiter.

1 Ob die beiden wohl Ordnung in ihre Schränke bekommen werden? Schreibt das Streitgespräch weiter. Erfindet dabei lustige Verwechslungen.

2 Figurentexte herstellen

– Schreibe das Wort „Kartoffel" viele Male auf eine DIN-A4-Seite, am besten mit einer Schreibmaschine oder einem Computer. Verstecke in dem Wortteppich ein anderes Wort, zum Beispiel: Käfer, Salat ...

– Schneide dann aus dem Wortteppich eine Kartoffelform aus. Denke dabei an die verschiedenen Formen, die Kartoffeln haben können. Es entsteht ein Figurentext.

– Klebt eure Kartoffeln zu einer großen Collage zusammen. Dazwischen könnt ihr auch noch Erde, Wurzeln, vielleicht eine Wühlmaus ... zeichnen.

3 Namen für Kartoffeln in anderen Sprachen

- potato
- aardappel
- ?
- patates
- pomme de terre
- batata
- patata

Zeit vor dem Bildschirm

Marek und Birgit sind große Comic-Fans. Sie haben aus dem Internet die Bilder von bekannten Comic-Figuren auf den Computer geholt: zwei Comic-Pärchen und acht einzelne Figuren. Doch leider ist auch der gefräßige Virus „roter Wolf" mit über die Datenleitung gekommen. Findet ihr heraus, wer hier angeknabbert wurde? Mit der Tastatur auf dem Bild könnt ihr die Namen schreiben.

Fragestellungen zum Fernsehen formulieren;
eine Bestandsaufnahme von Lieblingssendungen
machen; ein Wochenprotokoll
über Sehgewohnheiten anfertigen

Lieblingssendungen

Meine Eltern wollen immer bestimmen, was ich gucken darf.

Am Wochenende kann ich schon morgens fernsehen.

Was wir über das Fernsehen wissen wollen
Wer hat den Fernseher erfunden?
Seit wann gibt es Farbfernsehen?
Welches sind die beliebtesten Sendungen im Fernsehen?
Wie viele Kanäle gab es früher?
Wie werden die Tricks im Fernsehen gemacht?

1 Welche Sendungen schaut ihr euch gerne an? Warum seht ihr sie gern?

2 Überlegt, wie ihr ein Plakat gestalten könnt, auf dem eure Lieblingssendungen geordnet sind.

3 Notiere für eine Woche Angaben zu Sendungen oder Videofilmen, die du anschaust. Schreibe sie in eine Tabelle.

Unsere Lieblingssendungen:

- Werbung
- Serie: Lindenstraße, Marienhof, Die Simpsons
- Show: TIGER-ENTEN-CLUB, WETTEN, DASS?
- Sport: Fußball, Schwimmen, FORMEL 1
- Spielfilm: Tim und Struppi, Robinson Crusoe, Die große Käseverschwörung
- ?

Wochenprotokoll vom .... bis ....

Tag:	Was:	Wann:	So fand ich es:	Sender:
Montag:				
Dienstag:				
Mittwoch:				

Tipps zur Auswertung der Wochen-Protokolle
- Wie viel Zeit verbringen wir mit Fernsehen: am Tag, in der Woche?
- Welcher Sender ist der beliebteste?
- Welche Art Sendungen werden am liebsten gesehen (Serien, Quiz, ...)?
- ...

im Fernsehen

aus Beispieltexten Kriterien für die Gliederung eines eigenen Textes ableiten und erproben; Rätselkarten schreiben und damit spielen

Was wir gern sehen

Meine **Lieblingssendung** heißt: Kommissar Rex. Es geht um **Verbrechen,** die die Polizei mit einem Polizeihund aufklärt. Es kommt ein Schäferhund als Polizeihund Rex vor, der in jeder Folge die Verbrecher schnappt. Die Sendung ist eine **Krimiserie.** Die **Personen,** die mitspielen, heißen: ... In Wirklichkeit heißen die Schauspieler ... **Ich finde die Sendung** gut, weil der Rex witzig ist und immer zum Scherzen aufgelegt ist. Und weil ich einfach alle toll finde.

Lisa

Die Lottoshow
Es ist eine **Spielshow,** in der 49 Leute um **1 Million Mark** spielen. Und es werden verschiedene Leute eingeladen in das Publikum. Einer von denen zieht dann eine Kugel, auf der z. B. die Zahl 1 steht. Dann spielt er mit dem Kandidaten, der die Nr. 1 hat. Insgesamt gibt es 49 Kugeln. Alle müssen nun etwas Schwieriges tun. Wer gewonnen hat, bringt seinen Kandidaten ins Finale. Wer im Finale als Erster 3 Kugeln hat, hat gewonnen. Diese Spielshow **moderiert** ... **Ich finde die Spielshow** gut, weil es um viel Geld geht.

Aycan

1 Was haben die Kinder beim Schreiben alles beachtet? Die markierten Textstellen helfen dir es herauszufinden.

2 Schreibe wie Lisa und Aycan einen Text über deine Lieblingssendung.

fernsehen
gefallen
gewinnen
senden
verlieren
wählen
spenden
gratulieren
spät
gestern

Seite 174

Eine Rätselkiste mit Lieblingssendungen

Rätsel
Es ist eine Serie. Es geht um eine Schule, eine besondere Schule, nämlich ein Internat. Zwei Mädchen streiten sich andauernd. Die Serie kommt im Kinderkanal.

3 Fertigt Rätselkarten mit euren Lieblingssendungen an. Auf die Vorderseite schreibt ihr einen Text über die Sendung. Achtung: Ihr dürft nicht zu viel verraten. Auf die Rückseite könnt ihr ein Bild malen oder aufkleben.

4 Sammelt eure Rätselkarten in einer Kiste. Spielt wie die „Fernsehleute": mit Kandidaten und Kandidatinnen, Moderatoren ...

Meinungen über das Fernsehen austauschen; Argumente pro und kontra gegenüberstellen; eine Befragung zum Fernsehen durchführen

100 Programme –

> War das ein schönes Leben ohne Fernsehen! Früher saß man zusammen und erzählte sich etwas, es wurde gespielt und gesungen.

> Für uns alte Leute ist doch das Fernsehen eine gute Erfindung. Man fühlt sich nicht so allein.

> Das Fernsehen kann mir aber nicht helfen, wenn ich Streit mit meiner Freundin habe.

> Immer, wenn mir langweilig ist, bin ich froh, wenn ich im Fernsehen eine interessante Sendung finde.

> Fernsehen ist blöd. Das ganze Leben richtet sich nach dem Programm. Ständig Streit, welcher Sender eingeschaltet werden soll.

1 Was haltet ihr von diesen Meinungen zum Fernsehen?

2 Macht eine Gegenüberstellung. Ordnet die Aussagen aus den Sprechblasen ein. Ergänzt sie mit euren eigenen Meinungen.

PRO	KONTRA
Was am Fernsehen gut sein kann	Was am Fernsehen stören kann

Was haben die Menschen in ihrer Freizeit gemacht, als es noch kein Fernsehen gab?

3 Führt eine Befragung durch.

Besprecht vorher:
– Welche Fragen wollen wir stellen (auf einen Interview-Bogen schreiben).
– Wie können wir die Antworten festhalten?
– Auf welche Weise können wir alle Antworten auswerten?

Wie finden Erwachsene das Fernsehen?
Interview-Fragen
– Zu welcher Tageszeit sehen Sie fern?
– Was gefällt Ihnen am besten am Fernsehen?
– Welche Sendung sehen Sie gern?
– Wie viele Stunden am Tag sitzen Sie vor dem Fernseher?
– Warum sehen Sie fern?
– Könnten Sie sich ein Leben ohne Fernseher vorstellen?
– ...

Guten Tag...

1000 Meinungen

*Streitgespräche zum Thema „Fernsehen"
ausdenken und spielen; Wörter mit schwierigen
Endungen üben; Lösungshilfen erproben;
verwandte Wörter suchen*

> Ich bin immer froh, wenn ich mit den Hausaufgaben fertig bin, dann kann ich am Fernseher entspannen.

> Wer verschiedene Sendungen anschaut, kann viel lernen. Man weiß über interessante Dinge sehr gut Bescheid.

> Ich entspanne mich viel besser, wenn ich draußen spielen kann.

das Programm
der Sport
der Streit
alt
jung
ähnlich
schwierig
fertig
schmutzig
fleißig
richtig
freundlich
pünktlich
fröhlich
lustig
nächste
allein

Seite 174

1 Denkt euch ein Streitgespräch zum Thema „Fernsehen" aus. Das können eure Themen sein:

Was
Wie lange } dürfen Kinder fernsehen?
Wann
...

Spielt euer Gespräch.

Wie kann Fernsehen sein?

langweil ▢, lust ▢, schreck ▢, grusl ▢,
spannen ▢, entsetz ▢, aufregen ▢, scheuß ▢,
traur ▢, läst ▢, nütz ▢, wicht ▢, überflüss ▢,
blut ▢, witz ▢, gemüt ▢, enttäuschen ▢,
interessan ▢ ...

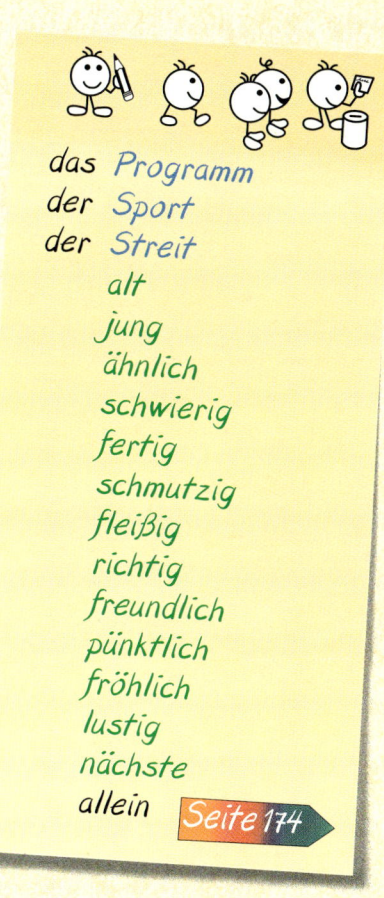

2 Hier fehlen **-ig, -lich, -d** oder **-t**. Wenn du die Wörter verlängerst, kannst du hören, was fehlt.
*Wie kann Fernsehen sein?
Die Sportschau ist langweilig. –
die langweilige Sportschau*

3 Suche zu den Adjektiven verwandte Wörter. Lege eine Tabelle an:

Adjektiv	Verb	Nomen
traurig	trauern	die Trauer

selbst kleine Fernsehvorhaben planen und durchführen

Ideen für

Idee 1

Ich bin im Fernsehen
- Einen großen Karton beschaffen.
- Mit dem Teppichmesser oder einer großen Schere den Bildschirm herausschneiden.
- Wer möchte, kann die Vorderseite mit schönem Papier bekleben oder sie bemalen.
- Einschalttaste und Programmtasten aufmalen oder aufkleben (Pappscheiben oder Holzscheiben oder …).
- Das Programm beschließen, das gesendet werden soll.
- Vorschläge sammeln und überlegen, wer in welcher Gruppe arbeiten möchte.

Naturzeit: Das Leben Maikäfer — *WERBEFERNSEHEN* — *Reporter berichten aus der Pause.* — *Miniplayback-Show* — *Die Märchenstunde* — *Lustige Schulnachrichten* — *Wunsch-Wetter*

Idee 2

Wir drehen einen eigenen Film mit der Videokamera

Bevor es losgehen kann, braucht die Gruppe eine Geschichte. Sie kann selbst ausgedacht sein oder aus einem Buch. Viele Arbeitsschritte sind nötig.
- Entscheidung: Personenfilm oder Puppenfilm?
- Nach der Geschichte aufschreiben, was die Personen sagen und tun sollen.
- Rollenverteilung vornehmen.
- Feststellen, welche Kleidung, Gegenstände … gebraucht werden und wer sie beschafft.
- Wer ist für die Geräusche zuständig? 
- Soll Musik zu bestimmten Szenen gespielt werden? Welche?
- Wer sorgt für Beleuchtung?
- Proben/den Film drehen.
- Gemeinsam den Film anschauen.
- Den Film vorführen bei …

Fernsehgeschichten

Fernsehgeschichten in der Schreibwerkstatt bearbeiten

Idee 3

Ein Bildergeschichten-Kino

Bevor es losgehen kann, muss eure Gruppe ein nicht zu langes Gedicht, ein Märchen oder ein Bilderbuch aussuchen.
- Wenn keine Bilder dabei sind, den Text in einzelne Bildabschnitte einteilen.
- Besprechen, welche Bildmotive zu den Abschnitten passen.
- Die Bilder mit Wachsmalstiften oder Wasserfarben malen.
- Alle Bilder zusammenkleben und aufrollen.
- Probt den Text passend zu den Bildern zu sprechen.
- Wenn alles gut klappt, führt euer Stück vor.

In der Schreibwerkstatt

Idee 4

Ein Fernseher geht auf Reisen

Tim verbringt den Nachmittag wieder vor dem Fernseher. Aber plötzlich passiert etwas Seltsames: Der Fernseher schaltet sich aus und fliegt aus dem Fenster. „Jetzt reicht es mir", knurrt er, „immer nur im Zimmer stehen und bunte Bilder ausspucken! Ich will endlich selber etwas erleben!"
Und landet …

1 Wo könnte der Fernseher landen und was wird er alles erleben? Schreibe die Geschichte zu Ende.
Oder:
Denk dir selbst eine Geschichte zum Thema „Fernsehen" aus. Gestaltet mit euren Texten ein Geschichtenbuch.

sich über den Beginn der Computerentwicklung informieren; anhand einfacher Beispiele verstehen, wie ein Binärcode aufgebaut ist

Rechenmaschinen

Vor etwa 400 Jahren erfanden kluge Leute Rechenmaschinen. Die Zahlen wurden in der Maschine mit Schiebern oder Rädchen eingestellt, Zahnräder drehten sich und die Maschine zeigte dann das Ergebnis. Solche Maschinen besaßen meist nur die Erfinder selbst.

Schneller und besser wurden die Rechenmaschinen, als daran nicht mehr gekurbelt werden musste, sondern sie mit Strom betrieben wurden. Im Jahr 1940 baute der deutsche Ingenieur Konrad Zuse seine mechanische Rechenmaschine so um, dass sie mit Strom funktionierte. Man könnte sagen, das war der erste Computer. Auch in Amerika kam zur gleichen Zeit ein Erfinder auf ähnliche Ideen. Darum kann man nicht sagen, dass es nur einen Erfinder des Computers gibt.

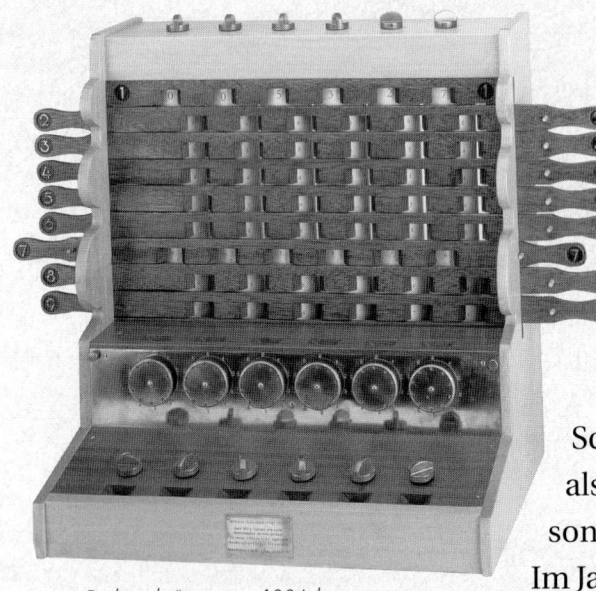

„Rechenuhr" vor etwa 400 Jahren

Der erste wirklich voll elektronische Computer hieß ENIAC und stand in den USA. Er war so groß wie ein Klassenzimmer. Die Computer in der damaligen Zeit waren so teuer, dass man 1945 sagte: „Auf der ganzen Welt werden wir nicht mehr als fünf Computer brauchen."

ENIAC

Wie Maschinen mit Strom Zahlen „verstehen" oder darstellen
Dazu müssen zunächst die Zahlen in eine Sprache „übersetzt" werden, die die Maschine versteht. Das ist eigentlich ganz einfach: Eine Maschine kann genau unterscheiden, ob der Strom an einem Schalter gerade angeschaltet oder gerade ausgeschaltet ist. In der Maschine gibt es viele kleine Schalter, die entweder auf „an" oder auf „aus" stehen. Solche elektrischen Schalter heißen Relais.

Ein einfaches Beispiel
Mit vier Schaltern, die so eingestellt sind, kann die Maschine die Zahl 3 „verstehen".

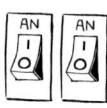

Da es aber zu umständlich ist, für jede Zahl Schalter zu malen, schreibt man die „3" in der Maschinensprache so: **0 0 1 1**. Diese Sprache aus **0** und **1** verstehen die Computer auf der ganzen Welt. Sie heißt Binärcode.

und Computer

Computer-Geheimsprache entschlüsseln; mit „Computer-Wörtern" kleine Gedichte schreiben und gestalten

"Computerisch"
A = 01000001
B = 01000010
C = 01000011
D = 01000100
E = 01000101
F = 01000110
G = 01000111
H = 01001000
I = 01001001
J = 01001010
K = 01001011
L = 01001100
M = 01001101
N = 01001110
O = 01001111
P = 01010000
Q = 01010001
R = 01010010
S = 01010011
T = 01010100
U = 01010101
V = 01010110
W = 01010111
X = 01011000
Y = 01011001
Z = 01011010

Mit acht Schaltern kann ein Computer noch mehr Zeichen darstellen – auch das Abc.

1 Welches Wort ist das? Übersetze einmal. Schreibe deine Lösung auf ein DIN-A4-Blatt.

01000001   01001110   01001110   01000001

Welcher Name einer berühmten Fernsehfigur steht hier?

01001101   01000001   01010101   01010011

2 Versuche deinen Namen „computerisch" zu schreiben.

Computer-Gedicht

ENTER
Komm rein
BREAK
Mach mal Pause
RETURN
Komm bald wieder

Wolf Harranth

Das ist Connys Computer-Gedicht:

ON
Guten Morgen
KLICK
Ich bin drin
OFF
Das war's für heute

3 Schreibe ein eigenes Computer-Gedicht. Ein paar typische „Computer-Wörter" findest du in den Texten. Aber es gibt noch viel mehr, zum Beispiel: STOP, HELP, PLAY, SCROLL, COPY, QUIT, ESCAPE, Maus …

4 Schreibe dein Gedicht mit dem Computer. Versuche dir vorzustellen, dass dein Computer dabei blitzschnell mit Nullen und Einsen in der Computersprache rechnen muss.

Weißt du, was Computer und Fernseher gemeinsam haben?

Das „er". Hihi!

LolliPop

Langeweile?
Tu was!

Roll möpse
Speise eis
Mal stifte
Rate spiele
Bau klötze
Fang körbe
Schüttel reime
Lösch blätter
Schnür senkel
Weck gläser
Angel ruten
Back erbsen
Füll hörner
Wähl scheiben
…

Nora Clormann-Lietz

1 Bei Langeweile fernsehen?
Das muss nicht sein.
Probiere dieses Wortspiel fortzusetzen.
Es gibt noch viele Begriffe.

2 Du kannst auch lustige Fernseh-Abc-Darien erfinden:
alberner Alf
blauer Blaubär
cooler Charlie …
Oder:
Denke dir ein Abc der Fußballstars **oder** der Automarken **oder** der Werbung … aus.

Pixelbilder

Wenn du etwas schreibst oder malst, fährst du mit dem Stift über das Papier. Du ziehst Linien und Bögen. Wenn aber auf dem Bildschirm des Computers ein Buchstabe erscheint, so ist er nicht mit Linien gezogen, sondern aus vielen kleinen Punkten zusammengesetzt. Man könnte auch sagen: zusammengepixelt. Denn diese Leuchtpunkte heißen Pixel. Ungefähr so sehen Pixelbilder aus, wenn man sie sich vergrößert ansieht:

3 Auf einem karierten Papier kannst du leicht eigene Pixelbilder herstellen. Gebt euern Bildern Namen und stellt sie aus. Ladet Gäste ein, die ihr durch eure Ausstellung führt.

Herbst

Erntebräuche

Früher lebten die meisten Menschen von der Landwirtschaft. Darum war die Ernte im Herbst ein wichtiges Ereignis. Es gab Bräuche, mit denen Beginn und Ende der Ernte gefeiert wurden. So band man die letzte Getreidegarbe zu einer Strohpuppe. Sie wurde als Mensch gekleidet und auf den Wagen gestellt, der zum Hof fuhr. Dort gab es dann ein gutes Mahl, Musik und Tanz. In manchen Gegenden feierte man auch, wenn der letzte Kartoffelstock geerntet war. Auf den Feldern verbrannte das welke Kartoffelkraut und in der Glut vergraben lagen die frischen Kartoffeln. Wenn sie gar waren und man sie aufbrach, dufteten sie köstlich.

Der Nageltrick

So werden in der Lagerfeuerglut auch dicke Kartoffeln innen schneller gar. Der Nagel leitet Hitze von außen in das Innere der Knolle. Probiert es aus. Aber Vorsicht beim Anfassen!

Kartoffelkuchen „Dippedotz"

Das braucht ihr (für 6 Kinder)

- 1,5 Kilogramm Kartoffeln
- 3 große Zwiebeln
- 2 Brötchen (in Milch eingeweicht)
- 200 Gramm Speck
- 3 Eier
- 4 Esslöffel Öl
- je eine Messerspitze Thymian und Majoran
- Flöckchen von etwa 100 Gramm Butter

1 Kartoffeln schälen, waschen und reiben.

2 10 Min. stehen lassen, dann das Kartoffelwasser vorsichtig abgießen.

3 Dazu Zwiebeln reiben.

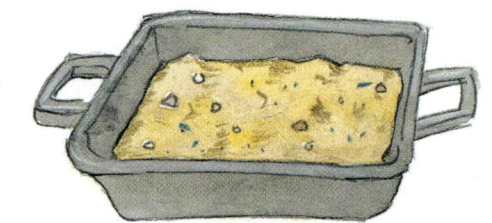

4 Eingeweichte Brötchen, fein gewürfelten Speck, Eier, Öl und Gewürze hinzugeben. Alles gut verrühren.

5 In einem Bräter Öl erhitzen. Teig einfüllen, backen lassen:
- *unterste Schiene im Backofen*
- *220°*
- *90 Minuten*

Nach 70 Minuten mit Butterflöckchen besetzen. So entsteht eine braune Kruste.

Achtung! Herd und Ofen nur zusammen mit Erwachsenen benutzen.

Herbstfeuer

Rings in allen Gärten,
die im Tale sind,
rauchen nun die Feuer
und der Herbst beginnt.

Fern ist nun der Sommer
und der Blütenduft.
Rote Feuer lodern.
Rauch steigt in die Luft.

Lobt den Lauf des Jahres
und den Wechsel auch!
Blumen bringt der Sommer
und der Herbst den Rauch.

Robert Louis Stevenson

In jeder Strophe des Gedichts findest du ein Bild. Welches gefällt dir am besten? Male es auf. Schreibe das Gedicht in deiner schönsten Schrift mit auf das Blatt.

Herbst-Elfchen schreiben

Rauch
Das Kartoffelfeld
ist nun abgeerntet.
Im Feuer garen Kartoffeln.
Heiß!

Das Gedicht heißt Elfchen,
weil es aus elf Wörtern besteht.
Das ist der Bauplan:
  1. Zeile: ein Herbst-Wort
  2. Zeile: zwei Wörter zum Herbst
  3. Zeile: drei Wörter
  4. Zeile: vier Wörter
  5. Zeile: ein Wort zum
        Abschluss

Alte Bauernregeln

Wenn der Donner
im Oktober grollt,
das kommende Jahr
den Früchten hold.

???

Friert im November
das Wasser,
wird es im Januar
umso nasser.

Schau dir die Kartoffelfiguren an. Welche Geschichten erzählen sie dir?

Bastelt Kartoffelfiguren und stellt sie aus. Erzählt euch Geschichten mit den Figuren. Hebt die besten Geschichten für eine Lese- und Erzählnacht auf.

Die letzte Kartoffel

Die letzte dicke Kartoffel der Ernte steckte ein Knecht auf seine Forke*. Er marschierte damit zum Hof. Vor der Bäuerin sagte er ein lustiges Gedicht auf. Dabei versuchte er an ihr vorbeizukommen und die Kartoffel auf den Herd zu legen.
Schaffte es die Bäuerin jedoch, vorher einen Eimer Wasser auf die Kartoffel zu gießen, so hatte sie die Kartoffel erobert. War der Knecht geschickter, so musste die Bäuerin für alle Erntehelfer einen großen Kartoffelkuchen backen.

* Forke heißt in Norddeutschland eine Erntegabel.

Ihr könnt diesen Brauch nachspielen.
- *Mitspielen könnten: ein Knecht und eine Bäuerin oder eine Magd und ...*
- *Was könnte man statt der Forke benutzen?*
- *Wohin soll die Kartoffel gebracht werden?*
- *Mit welchen Mitteln kann die „Bäuerin" die Kartoffel erobern?*
- *Was soll die „Bäuerin" tun, wenn der Knecht gewinnt? Und umgekehrt?*

Kartoffelsackhüpfen

Früher wurden Kartoffeln in Säcken aus braunem Sackleinen transportiert. Versucht für euer Wettspiel solche Säcke zu bekommen.

Das Nüssespiel

Die Kinder, die nicht bei der Ernte mithelfen mussten, konnten am Wegrand spielen. Sie versuchten von der Linie aus Nüsse aus der Reihe zu werfen. Dazu nahmen sie möglichst große Walnüsse. Die weggeschlagene Nuss und alle Nüsse links von ihr durften eingesammelt werden.

Winter

139

Karneval und Fastnacht

Im Winter liegt die närrische Zeit. Mit bunten Umzügen wird gefeiert. In Deutschland haben diese Feste unterschiedliche Namen. In Köln und im Rheinland feiert man Karneval, in Bayern Fasching und in Baden-Württemberg Fastnacht oder Fasnet. Schon vor 600 bis 700 Jahren gab es Feiern kurz vor der österlichen Fastenzeit. Man denkt, dass daher der Name „Fastnacht" stammt. Wer es sich leisten konnte, verspeiste in lustiger Gesellschaft ein gutes Mahl, trank Wein und Bier und tanzte. Später gehörten auch Maskenumzüge dazu. So wollte man noch einmal vor der anbrechenden ernsten Zeit ausgelassen feiern. In einigen Gegenden in Süddeutschland haben die Feiern wohl auch mit dem Glauben an böse Wintergeister zu tun. So sollen sie noch heute mit Feuer und Krach vertrieben werden: Von überall tönen Schreie, tiefe Trommelschläge und Holzratschen. Die Masken sollen helfen die Macht des Winters zu brechen.

Drei Winteraustreiber

Astschelle

Das braucht ihr:

- Glöckchen
- einen schön verzweigten Ast
- bunte Bänder

Glöckchenstab

Das braucht ihr:

- Glöckchen
- ein Stück Rundholz
- Reste von Lederlappen
- Schnur

Geisterklapper

Das braucht ihr:

- Sperrholz (Laubsägeholz)
- ein Stück Rundholz
- 2 halbe Holzkugeln
- Laubsäge
- Holzleim und Farbe

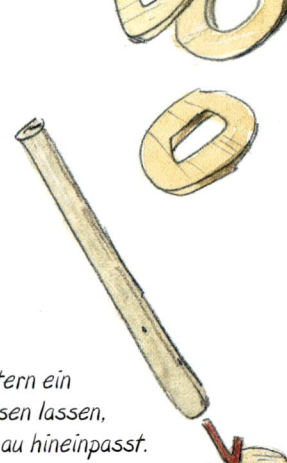

1 Die Ringe mit einer Schablone aufzeichnen und mit der Laubsäge aussägen. Das Rundholz soll durch die Löcher gesteckt werden. Sie müssen also etwas weiter sein. Die Scheiben bunt anmalen und später mit Klarlack überstreichen.

2 Vom Tischler oder von Eltern ein Loch in die Halbkugel fräsen lassen, sodass das Rundholz genau hineinpasst.

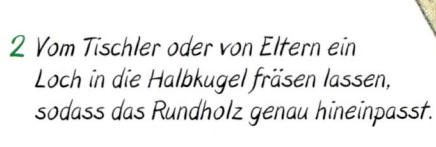

3 Die Kugelhälften mit Holzleim ankleben und nach dem Trocknen anmalen.

Faschings-Abc

A Aschermittwoch
B Betteln
C Clown
D
E
F
G Girlanden
H
I
J Jecken
K

Fastnacht der Tiere

Was machen die Tiere an Karneval?
Sie machen einen Faschingsball!
Wie das geht? Seht:

Der 🐓 geht als Fliege,
 die Fliege als 🐐,
die 🐐 als 🦁,
 der 🦁 als 🐦,
die 🐦 als Laus,
 die Laus als 🐭,
die 🐭 als Katz,
 die Katz als 🐦,
der 🐦 als 🦊,
 der 🦊 als 🐱,
der 🐱 als 🦢,
 der 🦢 als 🐓,
jetzt geht der Ball von vorne an!

Brigitte Wächter

Schabernack

Erzähle den Schabernack.
Oder:
Denke dir selbst einen Schabernack aus und male einen Comic.

Pappteller-Masken

① ② ③ ④ ⑤

Rumsdideldumsdidel Dudelsack

Musik: Wolfgang Stumme
Text: Karola Wilke

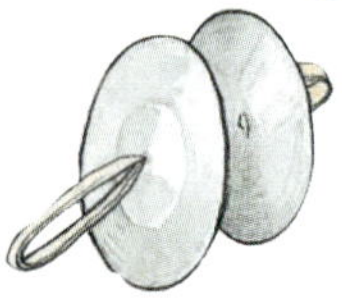

schnell

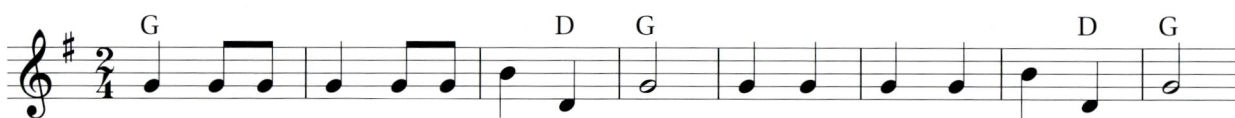

1. Rums di-del-dums, di-del Du-del-sack, heu-te treib'n wir Scha-ber-nack, heu-te wird Mu-sik ge-macht, ein-mal nur ist Fa-se-nacht.

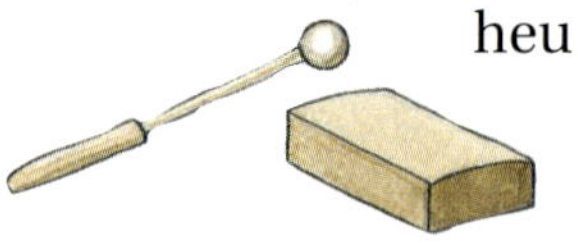

2. Rumsdideldumsdidel Fiedelbogen,
   heute wird durchs Dorf gezogen,
   keiner soll uns Narren kennen,
   uns bei unsren Namen nennen.

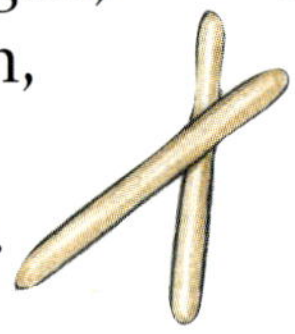

3. Rumsdideldumsdidel Paukenschlag,
   ab morgen zähln wir jeden Tag,
   bis das alte Jahr verklingt
   und die neue Fastnacht bringt.

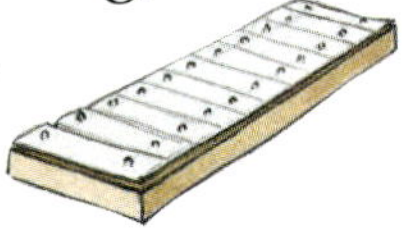

Affentanz

Ein Kind gibt das Kommando.
Zum Beispiel: Tanzt wie ein Cowboy!
Oder: Tanzt wie eine feine Dame! Tanzt wie ein Affe!
Lasst euch passende Bewegungen einfallen.
Für den besten „Affen" gibt es eine Belohnung.
Vielleicht mag er Schokoküsse?

Frühling

Walpurgisnacht

Vor langer Zeit glaubten die Menschen, dass in der Nacht vom 30. April zum 1. Mai am Himmel ein Hochzeitszug der Götter stattfand. Tau und Regen tropften aus den Mähnen der Götterpferde, fielen zur Erde und machten die Felder fruchtbar. So zog der Frühling ins Land. Die Menschen zündeten auf den Höhen Feuer an und lärmten und tanzten um bei der Austreibung des Winters zu helfen. Später wurden diese Feiern als Aberglauben bekämpft. Man behauptete, dass sich auf den Festplätzen Hexen versammelten. Mit Peitschenknallen und Böllerschüssen sollten sie vertrieben werden. Außerdem wurde dieser Tag nach der heiligen Frau Walpurga benannt. Heute wird „Walpurgis-Nacht" lustig gefeiert. Viele verkleiden sich als Hexen und dürfen bis Mitternacht ihren Unfug treiben.

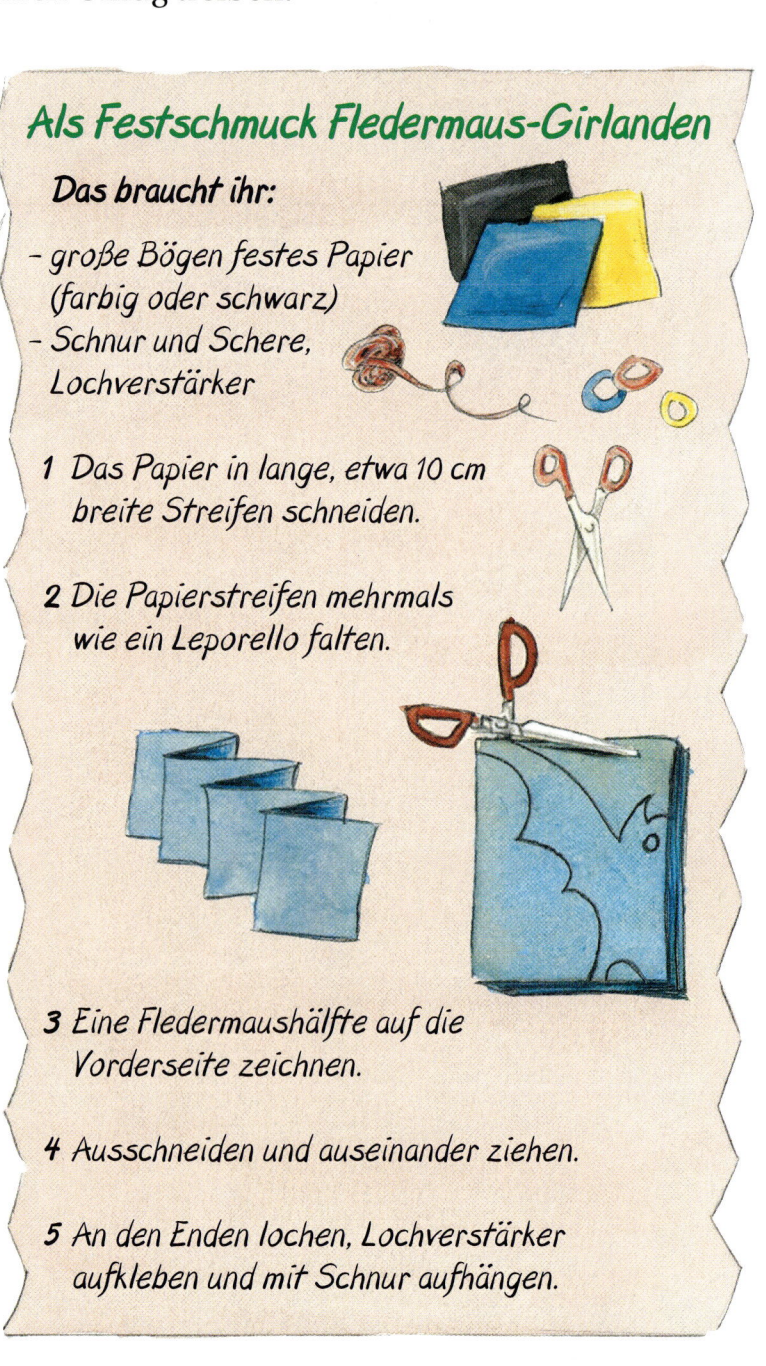

Besen für das Hexenfest

Das braucht ihr:

- dünne, biegsame Zweige (Haselnuss oder Weide)
- einen geraden Stock (angespitzt)
- Schnur, Hammer und Nägel

1 Reisig mit einer Kordel fest zusammenbinden.

2 Den Stock hineinstoßen.

3 Bündel am Stock befestigen.

Sollte der Besen für Ritte durch die Lüfte untauglich sein, eignet er sich auch einfach zum Kehren.

Als Festschmuck Fledermaus-Girlanden

Das braucht ihr:

- große Bögen festes Papier (farbig oder schwarz)
- Schnur und Schere, Lochverstärker

1 Das Papier in lange, etwa 10 cm breite Streifen schneiden.

2 Die Papierstreifen mehrmals wie ein Leporello falten.

3 Eine Fledermaushälfte auf die Vorderseite zeichnen.

4 Ausschneiden und auseinander ziehen.

5 An den Enden lochen, Lochverstärker aufkleben und mit Schnur aufhängen.

Hexen-Zauber-Fest

Um ein Hexen-Zauber-Fest zu feiern, müsst ihr nicht auf den Blocksberg reiten. Verschickt Einladungen und ihr werdet sehen, dass viele Hexlein und Zauberer einfliegen werden. Bedingung zum Mitfeiern ist: Alle müssen einen Namen haben und einen Zauberspruch können!

Schlitzohr

Melusina

EINLADUNG ZUM HEXENFEST

am 30. April zu Mitternacht
mit großem Zauberwettbewerb.
Hui, Knirleknax,
das wird ein Spax!

Zaubersprüche

Wirrle knirrle knarrlefax
Hexen Bexen Exenmax
Suse Schmuse Satansbrei
morgen ist die Nacht vorbei!

Max Kruse

Gummistiefel aus dem Keller
tanzt und macht die Wolken schneller.

Übervolles Regenglas
Wolken macht die Erde nass.

Stundenplan für junge Hexen und Zauberer

MONTAG	DIENSTAG	MITTWOCH	DONNERSTAG	FREITAG
Zaubern mit dem Meister	Texte schreiben: Flüche und Schimpfworte	Kostüme nähen für Hexen- und Zauberfeste	Zaubersprüche vertonen	Wie koche ich schwarze Ratten?
Zauberformeln, Zaubersprüche	Hexen 1x1		Moderne Musik: Katzengejammer	Kräuterkunde
Schlechtschreibung	~~Eit~~ Fitnesstraining gegen Knarrende Knochen	Besenreiten (Doppelstunde) Starten, Landen, Looping, Flugregeln	Moderne Tänze und Spiele	Haustierhaltung: Fledermäuse

Wie wär's mit einem Besuch in der Hexen- und Zauberschule? Ihr braucht oberste Oberlehrer, einen Stundenplan und viel Fantasie.

Der magische Hexen-Zauberstab

Schau dir die Gegenstände genau an.
Zähle die Buchstaben der Wörter:
Uhr = 3 Buchstaben, Buch = 4, Gabel = 5,
Löffel = 6, Flasche = 7.

Lege diese Dinge durcheinander auf den Tisch
(mit Schildern!). Eins davon soll sich ein
Zuschauer in Gedanken aussuchen und merken.
Kündige nun an, dass du mit dem Zauberstab auf einzelne Gegenstände deutest.
Der Zuschauer soll dabei lautlos mitbuchstabieren: Bei jedem Zeigen sagt er in Gedanken
einen Buchstaben. Wenn das gemerkte Wort zu Ende ist, soll er „Halt" rufen.

Los geht es: Du zeigst beim ersten und beim zweiten Mal auf beliebige Gegenstände –
beim dritten Mal auf die Uhr, beim vierten Mal auf das Buch, dann auf die Gabel, …
Wenn „halt" gerufen wird, zeigt dein Zauberstab genau auf den ausgesuchten Gegenstand.
Der Zauberstab zittert fürchterlich und du kannst die geheimen Gedanken erkennen.

Zauberstab-Staffel

Ihr braucht für das Spiel drei schön bemalte Zauberstäbe.

Alle Hexen und Zauberer stellen sich im Kreis auf. Eine Hexe hält in jeder Hand einen Zauberstab. Darüber wird quer ein dritter Stab gelegt.

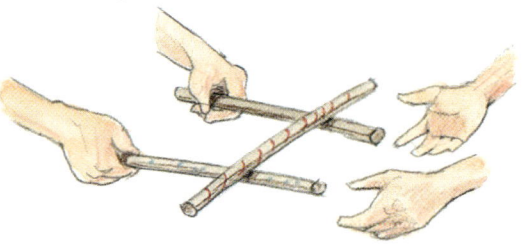

Jetzt findet die Übergabe statt:
Ein anderer Zauberer oder eine Hexe muss die Stäbe an den freien Enden greifen – der Querstab darf nicht herunterfallen. Wer ihn fallen lässt, muss den magischen Kreis verlassen.

Fliegende Fledermaus

Ihr braucht für das Spiel eine Spielzeugfledermaus oder einen weichen Stofflappen aus Samt.

Alle stehen in einem großen Kreis.
Die Fledermaus fliegt von Hand zu Hand und darf nicht herunterfallen.
Vielleicht ist es schon etwas dämmrig.
Leise, schauerlich-schöne Gruselmusik ertönt. Die Fledermaus sucht ein Opfer.

Dann stoppt die Musik plötzlich. Wer jetzt die Fledermaus hält, scheidet aus. Ein Tipp: Wer die Musik an- und ausschaltet, sollte außerhalb des Kreises sein und nicht sehen, wo die Fledermaus gerade ist.

Sommer

Feuer zur Sommersonnenwende

In den späten Junitagen hat die Sonne ihren höchsten Stand am Himmel. Es ist ein sehr alter Brauch, um diese Zeit der Sommersonnenwende ein Feuer zu entzünden. Früher geschah dies oft am 24. Juni, dem Johannistag. So hießen die Feuer auch Johannisfeuer. Das Feuer sollte für die Macht und Kraft der Sonne stehen. Wenn jemand durch das Feuer oder darüber sprang, konnte er sich damit vor Unheil schützen und von Krankheiten reinigen – so glaubten viele Menschen. Heute wird das Fest vielerorts am 21. Juni gefeiert. In einigen Gegenden werden Holzräder mit Stroh umwickelt und am Abend angezündet. Brennend rollen sie, begleitet von vielen guten Wünschen, den Hang hinab ins Tal. Mit Tanz und Musik freuen sich viele Menschen auf den Sommerbeginn.

Feuerrad aus bunten Bändern

Das braucht ihr:

- eine alte Fahrradfelge
- Zeitungspapier, Klebeband, Schere
- gelbes und rotes Krepppapier oder gelbe und rote Bänder

1 Die Felge mit Zeitungspapier umwickeln.

2 Lange Kreppstreifen schneiden (oder Bänder), anknoten, herumwickeln, nochmal festknoten, die Enden flattern lassen.

3 Ein Feuerradrennen

Ein Umhang für den Feuertanz

Das braucht ihr:

- Krepppapier in Rottönen, Gelb, Orange, Violett
- altes Halstuch
- Schere, Tacker, Maßband

1 Krepp in Streifen schneiden.

2 Die Streifen bunt gemischt am Halstuch befestigen.

Die vier Kinder der Erde

„Das ist ja eine schöne Bescherung!", verkündete der Sommer, als er sich auf die Erde niederließ. „Alles angefangen und nichts zu Ende gebracht. Höchste Zeit, dass ich mich um die Sache kümmere!" Er fasste in seine Taschen, streute mit vollen Händen das Licht der Sonne über die Landschaft, und sogleich begannen sich die Blumen auf dem Felde zu öffnen und die Früchte in den Zweigen der Bäume wurden prall und rund unter der wohltuenden Wärme. Er schüttelte seine Mähne, ließ die goldenen Ähren der Weizenfelder herausfallen und das schimmernde Salz des Ozeans. Dann wendete er seine Taschen um, in denen er noch die brütende Hitze aufbewahrte ... „Warte, das ist noch nicht alles!", rief er, ...

In dem Märchen stecken viele Bilder. Was bringt der Sommer wohl noch mit auf die Erde? Male oder schreibe es auf.

Johanniswürmchen oder **Leuchtkäfer,** auch **Glühwürmchen** sind die Namen von Leuchtkäferarten. Sie fliegen in warmen Nächten um den Johannistag (24. Juni) als leuchtende Pünktchen durch das Dunkel.

Leuchtkäferlied   der Ojibwa-Indianer

Huschende Insekten aus weißem Feuer! Kleines Getier, kleine wandernde Feuer! Schwenkt eure Sternchen über meinem Bett! Webt kleine Sterne in meinen Schlaf! Komm, kleiner, tanzender Weißfeuer-Käfer! Komm, kleines, nachtflinkes Weißfeuer-Tier! Schenk mir das Zauberlicht deiner hellen, weißen Flamme, deiner kleinen Sternenfackel.

's fliegt e fieris Männel 'rum,
iwwer Hääu um Hecke.
Het e güldis Ladernel,
drum kann si's nedd verstecke.
Fieris Männel uffm Haau,
geb mir dien Ladernel au!

Volkgut (Straßburg)

fieri = feurig
Haau und Hääu = Hag, Zaun

Gestalte das Leuchtkäferlied der Ojibwa-Indianer wie ein Gedicht: mit kurzen Zeilen und Strophen. Hängt eure Arbeiten in der Klasse aus.

Versuche den Spruch vorzulesen. Übersetze ihn.

Das Feuer

Hörst du, wie die Flammen flüstern,
knicken, knacken, krachen, knistern,
wie das Feuer rauscht und saust,
brodelt, brutzelt, brennt und braust?

Siehst du, wie die Flammen lecken,
züngeln und die Zunge blecken,
wie das Feuer tanzt und zuckt,
trockne Hölzer schlingt und schluckt?

Riechst du, wie die Flammen rauchen,
brenzlig, brutzlig, brandig schmauchen,
wie das Feuer, Rot und Schwarz,
duftet, schmeckt nach Pech und Harz?

Fühlst du, wie die Flammen schwärmen,
Glut aushauchen, wohlig wärmen,
wie das Feuer, flackrig-wild, dich in
warme Wellen hüllt?

Hörst du, wie es leiser knackt?
Siehst du, wie es matter flackt?
Riechst du, wie der Rauch verzieht?
Fühlst du, wie die Wärme flieht?

Kleiner wird der Feuersbraus:
ein letztes Knistern,
ein feines Flüstern,
ein schwaches Züngeln,
ein dünnes Ringeln –
aus.

James Krüss

🔥 Dieses Gedicht könnt ihr am besten sprechen, wenn ihr schon einmal ein Feuer erlebt habt. Übt es gut vorzutragen.

🔥 Legt euren Feuerumhang an.
Überlegt, wie ihr euch zu dem Gedicht bewegen könnt.
Probiert aus, ob die Bewegungen zum Text passen.

🔥 Vielleicht findet ihr für euren Feuertanz auch noch eine passende Musik.
Oder ihr begleitet den Tanz mit eigenen „Geräuschemachern",
die das Knistern, Knacken, Rauschen des Feuers untermalen.

Sprache untersuchen und richtig schreiben

Zusammen leben –

Streit vermeiden

Ines, Mirko, Kira und Peter wollen ein Programm für das Jahr schreiben. Zuerst sammeln sie alle Wünsche, die ihnen gefallen. Doch schon nach zehn Minuten fängt Ines zu streiten an. Sie spricht laut dazwischen und schneidet das Papier durch. Mirko und Peter finden das nicht lustig. Mirko sagt freundlich: „Hör auf! Wir wollen in Frieden arbeiten. Ich denke, das kannst du auch."

der Frieden
das Papier
die Minute
das Programm
gefallen
anfangen
hören
sammeln
schneiden
schreiben
wünschen
sprechen
streiten
denken
freundlich
lustig
zuerst

1 Die Lösungswörter der Geheimschrift stehen im Wörterspeicher.

2 Mit Wörtern reimen

schreiben	hören	streiten	denken
bl____	st____	r____	sch____

3 Die Schlange hat sich gehäutet. Teile ihrer Wörterhaut sind in der Kiste. Schreibe die vollständigen Wörter in dein Heft.

4 Schreibe den Text ab. Denke daran: Am Satzanfang und die Nomen musst du großschreiben.

zwischen ines und ihren freunden gibt es einen streit. ines hat damit angefangen. sie wollte sich nicht an die regeln halten. mit ihrer schere hat sie das papier zerschnitten. sie hat immer wieder dazwischengesprochen. ines denkt über mirkos worte nach.

zusammen lernen

Immer der Reihe nach

Jedes Jahr feiern die Kinder in der Schule ein Länderfest. Sie planen mit ihrer Lehrerin ein buntes Programm. Kolja meldet sich und fragt:
„Wer begrüßt die Kinder,
wer bastelt etwas, wer tanzt,
wer spielt ein Märchen,
wer wählt das Essen aus?" 
„Immer der Reihe nach", meint die Lehrerin. „Wir lösen alles zusammen. Dann gibt es keinen Streit."

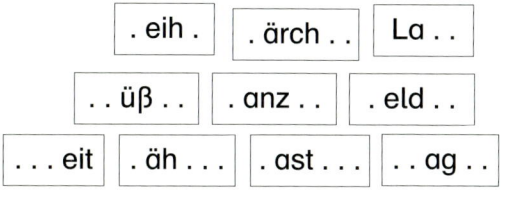

das Land
das Fest
das Märchen
der Streit
die Reihe
basteln
fragen
grüßen
feiern
lösen
melden
planen
tanzen
wählen
bunt

1 Ordne die Übungswörter nach dem Abc.

2 Wie heißen die Übungswörter?

. eih .   . ärch . .   La . .
. . üß . .   . anz . .   . eld . .
. . . eit   . äh . . .   . ast . . .   . . ag . .

3 Setze den richtigen Begleiter ein.

Wer	bastelt	was?
Sina und Nadine		... großen Drachen.
Ich	bastele	... kleines Kastanienmännchen.
Svenja	bastelt	... gelbe Blume.
Wir	basteln	... buntes Lesezeichen.
Du	bastelst	... schönes Mobile.
Alle		... lustigen Clown.
...		... Fingerpüppchen.

4 Hier sind Sätze durcheinander gepurzelt. Schreibe für jeden Satz zwei Möglichkeiten auf. Denke daran: Den Satzanfang und Nomen schreibt man groß.

DAS LÄNDERFEST   DIE KINDER   FEIERN   IN DER SCHULE

MIT DER LEHRERIN   SIE   EIN BUNTES PROGRAMM   PLANEN

SINA UND TIM   EIN MÄRCHEN   SPIELEN   VOR

DIE KINDER   ALLES DER REIHE NACH   WERDEN   LÖSEN

5 Schreibe mit den Tunwörtern (Verben) aus dem Wörterspeicher Sätze: Immer einen Satz von dir und einen von deiner Freundin oder deinem Freund.

Von Sonne, Wind

Kolja, der Regenmacher

Mutter sitzt im Garten und freut sich über die Sonne. Vater liegt auf der Wiese. Plötzlich tropft es leicht auf Mutters Kopf. „Es regnet!", ruft sie laut. Aber Vater meint: „Das geht gleich vorbei." Nach kurzer Zeit tropft es wieder. Jetzt wird Vaters Nase nass. „Ich sehe keine Wolke, nur einen kleinen, frechen Jungen, der mit Wasser spritzt", lacht Vater. Schnell rennt Kolja ins Haus.

Vater
Sonne
Mutter

das Wasser ✓
die Wolke ✓
die Wiese ✓
der Kopf
    liegen ✓
    regnen ✓
    rennen ✓
    sitzen ✓
    spritzen ✓
    tropfen ✓
    kurz ✓
    leicht ✓
    nass ✓
    plötzlich ✓
    vorbei ✓

1 In diesen Regentropfen haben sich Übungswörter versteckt. Schreibe sie der Reihe nach auf.

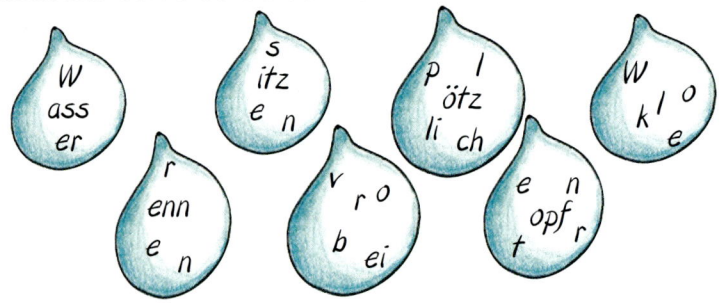

Wasser — sitzen — plötzlich — Wolke — rennen — vorbei — tropfen — Kopf

2 Im Regenwurm sind noch mehr Übungswörter versteckt. Schreibe die Wörter. Übermale die schwierigen Stellen.

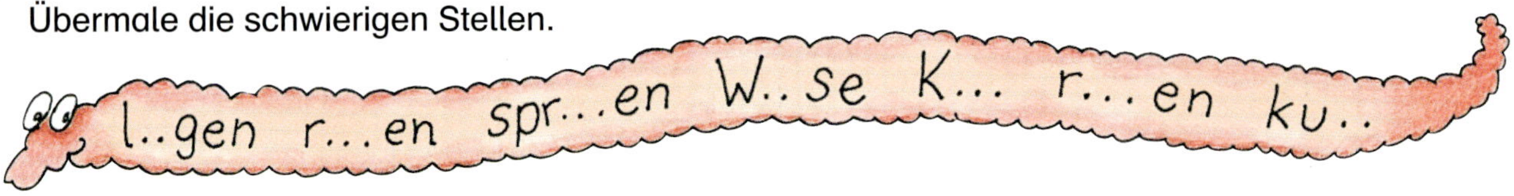

l..gen r...en spr...en W..se K... r...en ku..

3 Setze die Satzteile richtig zusammen. Schreibe den Text geordnet auf.

1 Mutter sitzt — über die Sonne.
5 Nach kurzer Zeit — auf der Wiese.
2 Vater liegt — tropft es wieder.
4 Plötzlich tropft es leicht — im Garten.
3 Mutter freut sich — auf Mutters Kopf.
8 Kolja rennt — wird jetzt nass.
6 Vaters Nase — keine Wolke am Himmel.
7 Sie sehen — schnell ins Haus.

4 Wörter mit **itz**

flitzen, ...

Bl | R | H | s | fl | itz | e | e | en | en
schw | k | W | spr | | en | eln | en

154

und Wolken

So ein Wetter!
Sara und Lena fahren mit dem Fahrrad zum See. Die Sonne scheint warm. Sie wollen richtig lange im Wasser spielen. Die Taschen legen sie unter einen Baum. Dann rennen sie ins Wasser. Nach einiger Zeit sieht Lena eine dunkle Wolke am Himmel. Gibt es Gewitter? Schon weht ein kühler Wind. „Wir dürfen nicht im Wasser bleiben, wenn es blitzt und donnert!", ruft Sara.

der Baum
das Fahrrad
der Wind ✓
das Gewitter
das Wetter ✓
bleiben
blitzen ✓
wehen ✓
donnern ✓
scheinen
richtig
dunkel ✓
warm ✓
kühl ✓

(↑ Diktatvorbereitung AB Nr. 1)

1 Wie heißen die Wörter?

Fahrrad   blitzen   wehen   Gewitter   Wetter

scheinen   dunkel   donnern   kühl   Wind   (AB Nr. 4)

2 Teste bei den Wörtern: Welche betonten Selbstlaute klingen lang, welche kurz?

lang –	kurz •
R̲e̲gel	rẹnnen

Regel	rennen		Wasser	warm
donnern	Dose		Nase	nass
rufen	rupfen		wehen	Wetter
toben	Kopf		tropfen	oben

3 Satzschieber

Ich	bleibe	gern im Wasser.
Du	bleiben	lange am See.
Sina	bleibst	nicht gern allein zu Hause.
Tim	bleibt	abends lange wach.
Meine Eltern		in meinem Zimmer.

4 *So kann das Wetter sein*
frost.. sonn.. wind.. eis.. nebl.. wolk.. dies..   `ig`
Schreibe so: *Das Wetter ist frostig. – das frostige Wetter*

Aber manchmal ist das Wetter auch so:
freund.... sommer.... winter.... fürchter.... herr.... schreck....   `lich`
Schreibe so: *Das Wetter ist herrlich. – das herrliche Wetter*

Wir werden

Lieber Besuch

Jan und seine Eltern freuen sich, denn heute kommt Oma das Baby besuchen. Lena ist erst acht Wochen alt und schläft noch viel. Wenn sie schreit, geht Jan zu Lena und spielt mit ihr. Heute hilft Jan das Baby zu baden und zu füttern. Satt und sauber liegt es in Omas Armen. „Wie schnell Kinder wachsen", sagt Oma. „Es ist noch nicht lange her, da habe ich Jan so im Arm getragen."

die Eltern
der Besuch
das Baby
füttern
besuchen
baden
schreien
schlafen
spielen
wachsen
tragen
satt
sauber
acht

1 Ordne die Wörter aus dem Wörterspeicher:

| Nomen | Verben | Adjektive | andere Wörter |

In jeder Spalte sollen zehn Wörter stehen.
Weitere Wörter findest du in der Wörterliste.

2 Setze die Silben zu Wörtern zusammen.

El-	Ba-	Be-	füt-	sau-	spie-	ba-	schrei-
en	den	len	tern	by	such	ber	tern

3 **Mit der Verb-Schablone üben**

ich	schlaf	e
du	schläf	st
er, sie, es	trag	t
wir	träg	en
ihr	wachs	
sie	wächs	

4 Suche zu einigen Verben aus dem Wörterspeicher verwandte Wörter:
spielen: das Spielzeug, ich spiele, der Spielplatz, ...
Unterstreiche den Wortstamm.

Ein Schleichdiktat schreiben

1. Schreibe den Text ab und lege ihn weit weg von dir.
2. Lies dir den ersten Satz gut durch und merke ihn dir.
3. Schleiche zu deinem Platz zurück und schreibe den Satz auf.
4. Mache es mit allen anderen Sätzen genauso.
5. Zum Schluss hole die Vorlage und vergleiche Wort für Wort.
6. Hast du einen Fehler, schreibe das Wort noch einmal richtig auf.

immer größer

Mutter ist krank

Lisas Mutter ist krank geworden. Sie kann sich nicht bewegen. Die Ärztin kommt. Sie sagt zu Lisa: „Deine Mama muss still liegen. Du bist ja schon neun Jahre alt. Kannst du heute die Mama pflegen? Sie darf sich nicht anstrengen." Lisa holt Mama Tee und setzt sich ans Bett. Als Mama müde wird, lässt Lisa sie schlafen. Am Abend schenkt Vater Lisa ein Buch, weil sie die Mutter so gut gepflegt hat.

die Ärztin
der Tee
das Bett
bewegen
liegen
sich anstrengen
pflegen
schenken
lassen
still
müde
krank
alt

1 Die Lösungswörter der Geheimschrift stehen im Wörterspeicher.

2 Wir reimen

schenken	krank	Bett	pflegen	Tee
l____	Schr____	f__	r____	S__
d____	bl____	n__	bew____	Schn__

3 Die Wörter auf jedem Streifen ergeben richtig geordnet einen Satz. Schreibe für jeden Satz zwei Möglichkeiten auf. Am Satzanfang musst du großschreiben.

- untersucht Mutter die die Ärztin
- muss pflegen Lisa ihre heute Mama kranke
- Tee Mama Bett ans holt den Lisa
- Märchen kann vorlesen Lisa Mama ein
- Abend Vater am kommt nach Hause

4

Wer	schenkt	wem	was?
Oma		dem Enkel	einen neuen Fahrradlenker.
Anke	schenkst	ihrer Mutter	eine Blumenbank.
Die Großeltern	schenke	den Kindern	einen Schrank.
Ich	schenkt	meinem Onkel	einen Wassertank.
Du	schenken	Frank	einen Fußball.

157

Im Wandel

Früher war vieles anders

Meine Oma erzählt mir oft, wie es früher war.
Wir sitzen auf ihrer Bank in der Küche und ich höre zu.
Meine Oma ist auf dem Dorf aufgewachsen.
Omas Eltern waren Bauern. In der Erntezeit halfen
auch die Kinder auf den Feldern mit. Wenn
Kartoffeln zu lesen waren, blieb Oma den ganzen Tag.
Mittags brachte ihr jüngerer Bruder Kaffee
und Brote. Immer nach zwei Stunden
durfte sie eine Pause machen.
Manchmal arbeitete sie auch im Stall.

die Bank
das Dorf
die Ernte
der Bauer
das Feld
der Kaffee
der Stall
die Kartoffel
die Stunde
sie blieb
sie ging
sie las
füttern
früher
jung
immer

1 Ordne die Übungswörter nach dem Abc.

2 Welche Übungswörter haben sich in den Säcken versteckt?

.ank ..ld .rn.. .....off.. ..all ...nd. .ütt... ..üh.. ..ng .mm..

3 Schreibe die Sätze in der Vergangenheitsform auf.
Einige Vergangenheitsformen findest du in der Wörterliste.

Oma arbeitet oft lange auf dem Feld.
Lisa hilft Mutter im Stall.
Jens bringt seinem Vater das Brot.
In den Ferien lese ich viele Bücher.

Nach zwei Stunden machen wir eine Pause.
Nachmittags gehen wir alle ins Schwimmbad.
Sina sitzt auf der Bank und liest.
Tom füttert die kleinen Kätzchen.

4

Wer	blieb	wann	wo?
Tim	blieb	jeden Tag	im Schwimmbad.
Ich	bliebst	in den Ferien	zu Hause.
Du	blieben	immer	lange im Bett.
Oma		manchmal	im Garten.
Kolja		montags	in der Schule.
Kira		jede Woche	im Hort.
Wir		oft	lange beim Fußballtraining.

der Zeit

Die Schule von morgen

Die Kinder zeichnen Pläne, wie sie sich ihren Klassenraum von morgen wünschen. Ralf sagt: „In meinem Raum gibt es eine Tafel, die sich selbst sauber wischt. Ein Roboter hebt das Papier auf."
Ina erklärt: „In meinem Raum arbeiten alle mit dem Computer. Er sagt uns, was wir rechnen, schreiben, nachsprechen oder malen sollen."
In Tanjas Raum gibt es das Essen. Auf einer Infotafel ist es zu sehen. Man zeigt darauf und schon steht es frisch gekocht auf dem Tisch. Was meint ihr dazu?

der Plan
der Raum
der Computer
rechnen
wischen
kochen
zeichnen
heben
erklären
wünschen
frisch
selbst
morgen

1 Die Lösungswörter der Geheimschrift stehen im Wörterspeicher.

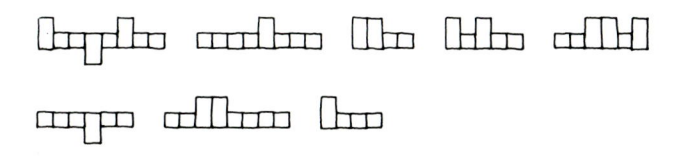

2 Teste bei den Wörtern: Welche betonten Selbstlaute klingen lang, welche kurz?
lang – | kurz •

Plan | Panne   frisch | frieren
kochen | Korb   Wiese | wischen
heben | helfen   rechnen | reden

3 Füge die Satzteile wieder richtig zusammen.

Alle Kinder arbeiten   dass Computer die Lehrer sind.
Die Klasse 3 zeichnet   jeden Tag ihr Wunschessen haben.
Ralf wünscht sich   am liebsten am Computer.
Ina träumt davon,   einen Roboter, der Papier aufhebt.
Tanja möchte   ihren Klassenraum von morgen.

4 Welche Übungswörter kannst du mit diesen besonderen Computer-Tasten schreiben?

159

Entdeckungsreise zu

Das Suchspiel

Für unser Suchspiel bekommen wir einen Plan, in dem Norden, Süden, Osten und Westen eingezeichnet sind. Alle Kinder denken sich Fragen aus und schreiben sie auf ein Blatt. Die Lehrerin sammelt die Blätter ein. Jeder darf eine Frage ziehen: Im Norden gibt es ein Schloss. Wer findet es schnell? Welche Straßen stoßen am Schloss zusammen? Wie heißt die Kirche, die im Süden liegt? Welcher Platz liegt links neben der Schule? Was seht ihr rechts neben der Brücke? Das Spiel gefällt uns.

die Brücke
der Norden
der Osten
der Süden
der Westen
der Platz
das Schloss
gefallen
heißen
stoßen
ziehen
rechts
links
neben

1 In dem Gitter sind Übungswörter versteckt. Schreibe sie auf.

2 Hier sind die Silben durcheinander gepurzelt. Schreibe die Wörter richtig auf.

D	A	B	R	Ü	C	K	E	V	O	S	Ü	D	E	N	D	A
C	N	O	R	D	E	N	B	G	E	F	A	L	L	E	N	M
P	L	A	T	Z	I	Z	I	E	H	E	N	O	S	T	E	N
K	A	R	O	R	E	C	H	T	S	P	L	I	N	K	S	A
H	S	C	H	L	O	S	S	N	A	N	E	B	E	N	U	S

Sü-	Nor-	Os-	Wes-	sto-	gefal-	Brü-	hei-	ne-
ben	len	ten	ten	ßen	den	den	cke	ßen

3 Bilde möglichst viele Sätze mit den Satzgliedern.

rechts neben der Brücke | das Schloss | liegt

heißt | im Süden | die Burg | Eisenhardt

unsere Schule | im Osten | man | sieht

finden | mit dem Ortsplan | wir | die Straßen

4 Groß oder klein? Punkt oder Fragezeichen? Hier musst du aufpassen.

MARKUS HAT VIEL GELERNT ER KANN JETZT MIT DEM PLAN GUT UMGEHEN ER FINDET DAS SCHLOSS IM SÜDEN IM WESTEN SIEHT ER DIE STRASSE, IN DER ER WOHNT DER PLATZ IM NORDEN GEFÄLLT IHM AM BESTEN, DENN DAS IST DER SPORTPLATZ WO IST DEIN LIEBLINGSPLATZ

nahen und fernen Orten

Ina schreibt: Meine Höhle

Wenn ich manchmal allein in unserer Wohnung bin oder wenn Mama arbeitet, bleibe ich gern in meinem Zimmer. Unter dem Tisch baue ich mir meine Höhle. Das ist mein Lieblingsplatz. Ich hole meine liebsten Spielsachen und denke mir Spiele aus. Oder ich höre Märchen. Manchmal vergesse ich die Zeit. Mama gefällt das nicht immer. „Du sollst dich lieber draußen mit deinen Freunden treffen und auf Bäume klettern", meint sie. Was denkt ihr?

die Wohnung
das Zimmer
die Höhle
die Sachen
vergessen
treffen
klettern
denken
manchmal
allein
draußen

1 Welche Wörter haben sich im „Höhleneingang" versteckt?

..öh.. .imm..
....ess..
..nch...
..ett... ..eff..
.enk.. ..au...
.ach..
.ohn...

2 Wörter mit klettern, ...   ett

Br   B   kl   Z   n   ett   er   en   e
f   r   W   K   ern   el

3 Schreibe die Fragen ab und antworte im ganzen Satz.

Wo ist Inas Lieblingsplatz?   Warum bleibt Ina in ihrem Zimmer?
Was denkt sich Ina in ihrer Höhle aus?   Was hört Ina gern in ihrer Höhle?
Wie findet Mama Inas Lieblingsplatz?   Wie findest du Mamas Vorschläge?

4 Mit dieser Lese- und Schreibstraße kannst du viele Sätze bilden.

Ina / Mama / Tom / Die Freundin — bleibt / holt — allein / mit Iris / in der Wohnung / ein Buch / eine Kassette — im Haus / auf dem Spielplatz / im Arbeitszimmer / Höhle / Schule / die Spielsachen / ein Kissen

161

Jeder braucht die Hilfe

So ein Verkehr!
Tina hat ein neues Fahrrad bekommen. Ihre Eltern erklären ihr noch einmal genau, was sie im Straßenverkehr wissen muss. Früher war es leichter, denn es fuhren noch nicht so viele Autos. Tina wird genau schauen, bevor sie über die Straße fährt.
Nach der Schule fährt sie los um ihre Freundin Ute zu besuchen. „Gute Fahrt!", ruft Mutter. Tina bewegt sich sicher im Verkehr. Sie schaut sich um, gibt Handzeichen und bremst richtig, dass sie nicht stürzt.

der Verkehr
die Fahrt
das Fahrrad
die Straße
erklären
besuchen
bewegen
stürzen
bremsen
wissen
fahren sie fuhr
leicht
richtig
sicher
pünktlich

1 Für diese Wörter brauchst du einen Spiegel.

Verkehr   stürzen   erklären   besuchen

sicher   Fahrrad   richtig   bewegen   bremsen   Straße

2 **fahren, fahren, fahren**
Bilde neue Verben mit **fahren**. Ergänze die Sätze mit passenden Verben.

an	über
ab	ver
auf	mit
be	er
vor	um

fahren

Das muss Tina beachten: Tina muss pünktlich ... Sie darf niemand ... Die Baustelle muss sie ... Sie muss den Weg zu ihrer Freundin kennen um sich nicht zu ... Sie darf auf kein Auto ...

3 Mit dem Wortstamm **FAHR** gibt es viele Wörter. Schreibe die Wörter mit dem Artikel auf.

4 Welche Wörter aus Aufgabe 3 passen in die Lücken? Findest du noch mehr Sätze?

FAHR   ZEUG   BAHN   RAD   GELD   SCHEIN   LEHRER   STUHL   PLAN   KARTE

Tina hat ein neues ... bekommen.
Ich muss mir noch eine ... kaufen, erklärt Vater.
Der ... erklärt dem Fahrschüler die Verkehrsregeln.
Der ... wurde für heute geändert, deshalb kommt der Zug später.
Achtung, heute ist die ... glatt!
Kim ist schon einmal im ... stecken geblieben.

von anderen

Armer Peter

...haus liegen. Er ist mit dem
... nt seine Lehrerin zu
... allen Kindern mit. Peter
...ist: Um sechs Uhr weckt
...d misst Fieber. Später
...Arzt nach, wie gut Peter
...eden Tag muss er einige
...er aber nur im Bett und
...ch fernsehen. Peter ist froh,
..., denn krank sein findet er ...

der Gruß
der Besuch
die Ärztin
der Arzt
die Übung
liegen
messen
erzählen
wecken
fernsehen
krank
gesund
froh
spät

liegen   messen

Gruß   krank   froh

Ich erzähle abends.   Oder: *Er weckt.*
Er weckt morgens.

3 Hier steht immer nur die zweite Silbe eines Übungsworts.
Wie lautet das vollständige Wort?

| ..cken | ...sen | ...gen | ...tin | ..such | ..sund |

4 Wer tut was? Ordne die Satzglieder zu sinnvollen Sätzen.

Die Lehrerin	untersucht	ihre Schülerin	von seinem Sturz.
Die Ärztin	misst	die Wunde	im Krankenhaus.
Die Krankenschwester	erzählt	der Lehrerin	des Kranken.
Peter	wechselt	das Fieber	bei den Patienten.
Der Pfleger	besucht	den Verband	des Kindes.

5 Schreibe einen kleinen Text mit den Übungswörtern.

163

Mit offenen Augen

Die Waldforscher

Oliver und Rica beobachten den Waldboden. Sie legen sich still in das Gras und schauen, was sich bewegt. Sie sehen Käfer und viele kleine Tiere, deren Namen sie nicht kennen. Lars pflückt reife Beeren, die an Sträuchern am Weg wachsen. Er weiß, wie sie heißen. Oliver sammelt Pilze. Fast hätte er einen Pilz zertreten. Mona und Lara messen, wie dick die Baumstämme sind. Das ist lustig.

Notizzettel:
- das Gras
- der Boden
- der Pilz
- die Beere
- der Strauch
- der Stamm
- beobachten
- pflücken
- wachsen
- heißen
- sammeln
- treten
- lustig
- fast

Handschriftliche Ergänzungen: still, Käfer, kennen, wissen/weiß, messen, dick, vorsichtig

1 Ordne die Übungswörter nach dem Abc.
Achte auch auf den 2. Buchstaben.
Schreibe so: B b: Beeren, beobachten, Boden
              G

2 *Mit Wörtern reimen*

pflücken	Beeren	zwischen	heißen	Strauch
b_____	l_____	m_____	r_____	B_____

messen	Stamm
fr____	K____

3 In diesem Text haben sich Nomen versteckt. Denke daran, auch Satzanfänge schreibt man groß!

die waldforscher wollen alles genau beobachten. sie liegen still im gras und schauen den käfern zu. manche kennen sie schon mit namen. oliver und rica staunen, wie viele kleine tiere sich dort bewegen. lars pflückt nur die beeren und pilze, die er gut kennt.

4

Was	wächst	wo?
Die Pilze	wachsen	im Garten.
Viele Sträucher	wächst	überall.
Der Baum		am Wegrand.
Brombeeren		im Wald.
Himbeeren		in Omas Beet.
Gras		an der Hauswand.

durch den Wald

Das Nest

Tim bringt ein Nest mit in die Schule. Sein Vater hat es in einem Strauch im Garten gefunden. Es war schon leer, aber noch ganz. Sein Vater hat es ihm gegeben, denn er wollte den Strauch schneiden. Die Kinder geben das Nest herum. Jeder darf es der Reihe nach anschauen. Man sieht Haare, Moos, trockenes Gras, Erde und sogar ganz kleine Blüten dazwischen. „Das Nest sieht aus wie eine kleine Höhle", meint Tim. Im nächsten Jahr will er genau beobachten, wie die Vögel das Nest bauen.

das Nest
das Haar
das Moos
die Blüte
die Höhle
die Erde
schneiden
geben
leer
trocken
nächste
ganz
zwischen

1 Welche Wörter verstecken sich in den Nestern?

2 Setze die Silben zu Wörtern zusammen.

Er-	Blü-	tro-	Haa-	Höh-	ge-	nächs-
cken	ben	te	le	de	te	re

3 Manche Wörter stehen spiegelverkehrt. Schreibe den Text richtig auf.

Tims Vater hat im Garten ein leeres Nest gefunden. Als er seine Sträucher schneiden wollte, hat er es gesehen. Tim darf das Nest mitnehmen. Die Lehrerin zeigt es allen. Das Nest ist aus Haaren, trockenem Gras, Moos und sogar Blüten gebaut. Nächstes Jahr wollen die Kinder in Tims Garten den Strauch beobachten.

4 Hier findest du viele Satzgegenstände (Subjekte).
Ergänze passende Satzaussagen (Prädikate) und schreibe deine Sätze auf.
Oder:
Schreibe einen Fantasietext mit den Übungswörtern.

Die Beeren ...   Die Haare ...

Die bunten Blüten ...   Das trockene Gras ...   Das weiche Moos ...

165

Von Krabbeltieren und

Eine Wohnung für kleine Tiere
Die Kinder der Klasse 3 wissen, welche Wohnungen Hummeln und Wildbienen brauchen. Sie haben schon im letzten Jahr ein Hummelvolk beobachtet. Heute wollen sie Nisthilfen bauen. Für das Nest der Hummeln graben sie ein Loch. Den Blumentopf drehen sie um. So bleibt das Nest trocken, selbst wenn es regnet. Die richtige Stelle für die Wildbienen finden die Kinder schnell. Sie hängen die Wohnung hoch in einen Baum und passen auf, ob die Bienen kommen.

das Loch
die Wohnung
das Volk
die Stelle
beobachten
passen
hängen
drehen
regnen
trocken
letzte
selbst

1 Welche Wörter stecken in den Nisthilfen?

..lk.. ..ell.. ..äng.. ..tzt.. ..ohn... ..eh.. ..ock..

2 Wer ist hier wohl gemeint? Ersetze die Fürwörter (Pronomen) durch die passenden Nomen. Schreibe die Sätze auf.

Sie beobachten die Hummeln.	die Hummelköniginnen
Sie suchen nach einer Höhle für ihr Nest.	die Kinder
Sie legen die Eier hinein.	das Nest
Es muss trocken bleiben.	das Hummelvolk
Es wohnt einen Sommer lang dort.	die Nisthilfen
Sie werden von den Kindern gebaut.	die Hummeln

3 **aufpassen, anpassen, verpassen, abpassen?**

Alex will gut ..., ob die Hummeln kommen. Im letzten Jahr hat er sie ... Wie kann er die Hummeln ...? Sie werden sich wohl kaum den Menschen ...

4 Welche Verben passen zu den Fürwörtern (Pronomen)?
Baue Sätze. Es gibt unterschiedliche Lösungen. Achtung: Am Satzanfang ...

ich	beobachtest	auf die Wildbienen.
du	warte	das Hummelvolk.
er, sie, es	hängen	einen Sommer im Nest.
wir	verpasst	die Nisthilfen hoch in den Baum.
ihr	bleiben	eine gute Stelle für das Nest.
sie	findet	die Hummeln.

schlauen Füchsen

Der kluge Fuchs

Lena erzählt die Geschichte vom „Findefuchs": Eine Füchsin, die jagen wollte, fand ein verlassenes Fuchskind. Sie fasste es mit ihrem Maul und ließ es erst in ihrer Höhle los. Die Fuchskinder schrien böse, denn sie wollten das fremde Fuchskind nicht. Aber die alte Füchsin war freundlich zu dem kleinen Findefuchs. Sie passte auf, dass ihm nichts geschah. Nach kurzer Zeit spielten alle mit dem neuen Bruder. Die Fuchskinder wurden zusammen aufgezogen und vergaßen den Streit.

der Fuchs
der Streit
die Höhle
jagen
fassen
lassen
er ließ
schreien
sie schrie
vergessen
ziehen
sie zog
alt
freundlich
böse

1 Wie heißen die Rückwärts-Wörter richtig?

| tla | nierhcs | nessaf | neheiz | elhöH | hcildnuerf | negaj |

| shcuF | nessegrev | tiertS |

2 Setze die passenden Adjektive ein.

freundlich, böse, klein, fremd, offen, klug

Der Fuchs ist ..., der ... Fuchs.
Das Fuchskind ist ..., das ... Fuchskind.
Der Findefuchs ist ..., der ... Findefuchs.
Die Fuchskinder sind ... die ... Fuchskinder.
Die Fuchsmutter ist ..., die ... Fuchsmutter.

3 Beantworte die Fragen in vollständigen Sätzen.

Wer erzählt die Geschichte vom Findefuchs?
Was macht die alte Füchsin mit dem Findefuchs?
Wo lässt sie das fremde Fuchskind los?
Was tun die Fuchskinder?
Warum wollen die Fuchskinder das kleine Fuchskind nicht? Was passiert nach kurzer Zeit?
Wie findest du die Geschichte?

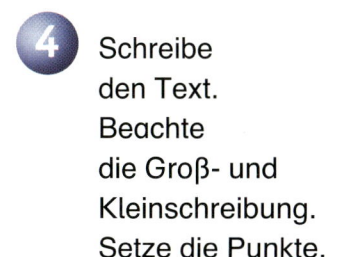

4 Schreibe den Text. Beachte die Groß- und Kleinschreibung. Setze die Punkte.

DIE ALTE FÜCHSIN FINDET EIN VERLASSENES FUCHSKIND SIE FASST DAS FREMDE FUCHSKIND UND TRÄGT ES IN IHRE HÖHLE IHREN FUCHSKINDERN GEFÄLLT DAS NICHT SIE SIND BÖSE AUF DEN FINDEFUCHS DIE ALTE FÜCHSIN IST ABER FREUNDLICH BALD SPIELEN AUCH DIE FUCHSKINDER MIT DEM FINDEFUCHS UND ERKENNEN IHN ALS NEUEN BRUDER AN

Sicher

Tina schreibt einen Brief an ihre Oma:

Liebe Oma,
wir halten gerade an einer schönen Stelle. Heute sind wir schon weit gefahren. Ich bin aber noch nicht müde, nur Mama und Papa mussten ihre Fahrräder manchmal am Berg schieben. Sie sind etwas außer Übung. Gestern bin ich gestürzt, als ich plötzlich bremsen musste. Aber es war nicht schlimm. Meistens ist der Weg sicher. Morgen steht wieder ein Schloss auf dem Programm. Danach besuchen wir noch das Schwimmbad.
Herzliche Grüße von Tina, Mama und Papa

---

die Stelle
das Fahrrad
der Berg
das Programm
das Schloss
halten
schieben
stürzen
bremsen
gefallen
sicher
müde
schlimm
plötzlich
meistens
manchmal

---

1 Die Lösungswörter der Geheimschrift stehen im Wörterspeicher.

2 Mal vorwärts, mal rückwärts. Kannst du den Text entschlüsseln?

Marco tbeihcs sein darrhaF den greB hinauf. Tina tsmerb hcilztölp und tzrüts vom daR. Sie netlah an einer schönen elletS und nebierchs einen feirB an amO. Das ssolhcS gefällt nenhi sehr.

3 **Satzschieber**

Marco	besteigt	den steilen Berg.
Hanna	bremst	an der befahrenen Kreuzung.
Sie	schiebt	bis zum Schlossplatz.
Die Autofahrerin	zeigt	das verchromte Fahrrad.
Der Fremdenführer	fährt	auf dem holprigen Weg.
Das Polizeiauto	stürzt	den sehenswerten Marktplatz.

4 **Würfeldiktat**

⚀ Tina steigt auf ihr neues Fahrrad.

⚁ Marco muss plötzlich bremsen und stürzt vom Rad.

⚂ Auf der Straße ist sehr viel Verkehr.

⚃ Vater ist außer Übung, er schiebt das Fahrrad bergauf.

⚄ Alle besuchen das Schloss und den Park.

⚅ Morgen geht die Fahrt auf kurvigen Straßen weiter.

im Verkehr

Im Straßenverkehr

Die Klasse 3 will heute im richtigen Verkehr mit den Rädern fahren. Gestern waren alle Kinder auf dem Übungsplatz. Sie überprüften zuerst ihre Bremsen, dann das Licht. Viele Kinder konnten sicher in die Kurven fahren und das Handzeichen geben. Heute bekommt jedes Kind eine große Zahl aus Papier auf den Rücken. So kann es besser gesehen werden. Die Lehrerin ruft allen Kindern zu: „Vergesst nicht, an der Kreuzung zu halten! Bremst vorsichtig!"

die Übung
der Verkehr
das Rad
der Platz
das Licht
die Zahl
prüfen
besser
zuerst
gestern
jeder

1 Wie heißen die Spiegelwörter? Die Lösungswörter stehen im Text.

| Verkehr | vorsichtig | Kurve | überprüften | Zahl |
| Übungsplatz | jeder | Handzeichen | Kreuzung | besser |

2 Suche zu den Übungswörtern verwandte Wörter. Unterstreiche den Wortstamm.
Platz: Fußballplatz, platzen, Parkplatz, geplatzt, ...
Übung: üben, Feuerwehrübung, ...
Verkehr: ...

3 Wörter mit Ver/ver und Vor/vor

-fahrt, -kehr, -fahren, -letzen, -silbe, -trauen, -sicht, -hang, -nunft, -geben, -wundung, -setzung, -letzung, -gessen, -sicht, -sichtig, -sprechen, -schreiben

4 Suche dir zehn Wörter aus und erfinde lustige Sätze.

5 Schreibe den Text in der Vergangenheit auf. Unterstreiche alle Verben und alle Adjektive.

> Heute übt die Klasse 3 das Radfahren im Straßenverkehr. Zuerst fahren alle auf den Übungsplatz und besprechen die Regeln. Die Lehrerin erklärt das richtige Verhalten beim Linksabbiegen. Alle Kinder üben noch einmal das Handzeichen. Dann bekommt jedes Kind eine große Zahl aus Papier auf dem Rücken befestigt. So kann man die Kinder gut erkennen und besser beobachten. Die Lehrerin ermahnt : „Passt besonders gut an der Kreuzung auf und bremst vorsichtig!"

Das alles

zusätzliche Lernwörter

das Wasserrätsel
die Erfahrung
die Fahrbahn
ausrutschen
salzig
lassen – ließ
morgens
die Lehrerin / der Lehrer

22!

+ zusätzliche Lernwörter

die Menge
das Stück
die Brücke
das Glas
berichten
beobachten
frieren
schmecken
lösen
glatt
hart
dicht
trüb
gefährlich

...fahrungen mit ...et haben. Timo ... Es war hart. ...ich kann es sein, ...ahn ausgerutscht. ...l gesehen hat, ...ssen. Jana ...rerin konnte es ...ätsel lösen?

1 Welche Wörter haben sich in den Wasserpfützen versteckt?

.eng.   ..ü.   ..ück.   ..ück.   ..ier..
        ..att Gl..   ..ös..
....eck..   .ar.   ...ich...   ....eck..   ..ähr....   .....acht..

2 Wir reimen

die Brücke	das Stück	schmecken	berichten
die M___	das Gl___	die Fl_____	verpfl_____

glatt	die Menge	hart	kühl	dicht
s___	die E___	z___	das Gew___	n___

3 Ordne die verpurzelten Wörter zu Sätzen. Schreibe immer zwei Möglichkeiten auf.

ist ausgerutscht   auf glatter Fahrbahn   Julius   im Winter
im Winter   hat gebaut   Lisa   damit
im Glas   als ein hartes Stück   hat gesehen   Timo   es
Pauls Beobachtung   dicht und trüb   war
er   konnte anfassen   nicht   es

4 Immer ein Wort in der Reihe ist falsch. Schreibe die Reihen richtig auf. Wähle aus jeder Reihe ein Wort aus und schreibe einen kleinen Text.

Wasser, Nebel, Eis, Eisbär, Schnee, Tau

berichten, gefährlich, sehen, lösen, frieren, anfassen

salzig, hart, dicht, trüb, schmeckt, glatt

170

ist Wasser

Ein Garten im Glas

Auf der Fensterbank der Klasse 3 stehen viele Gläser. Jedes Kind hat sich seinen eigenen Garten gebaut. Schon am nächsten Tag können sie beobachten, wie das Wasser von der kühlen Folie auf die Pflanzen tropft. Lars hat ein Veilchen eingepflanzt. Sara wollte lieber Salat ernten. Der Boden im Glas bleibt immer feucht, sodass die Wurzeln Wasser aufnehmen können. Zu Hause erklärt Sara ihren Eltern, wie Pflanzen im Glas wachsen können.

die Wurzel
die Pflanze
die Bank
der Boden
tropfen
pflanzen
ernten
erklären
kühl
feucht
nächste

1 Bei diesen Übungswörtern fehlen die Selbstlaute.

n●chst●   W●rz●l   ●rkl●r●n   tr●pf●n   pfl●nz●n
B●d●n   ●rnt●n   B●nk

2 Wörter mit **ock**

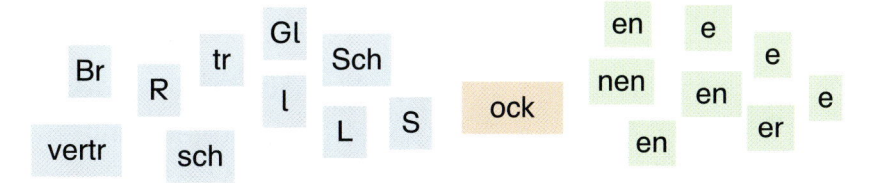

Br, R, tr, Gl, l, Sch, L, S, vertr, sch + **ock** + en, nen, en, e, e, en, er, e

3 Bei diesem Text musst du gut aufpassen. Schreibe ihn richtig in dein Heft.

lars beobachtet seinen garten im glas. er sieht eine menge tropfen, die sich an der kühlen folie bilden. er erklärt seinem freund daniel aus der 2. klasse, wie so ein garten wachsen kann. es geht kein wasser verloren, denn die tropfen versickern wieder in der erde. dort nimmt die pflanze mit ihren wurzeln das wasser auf. so einen garten will ich mir auch bauen, sagt daniel.

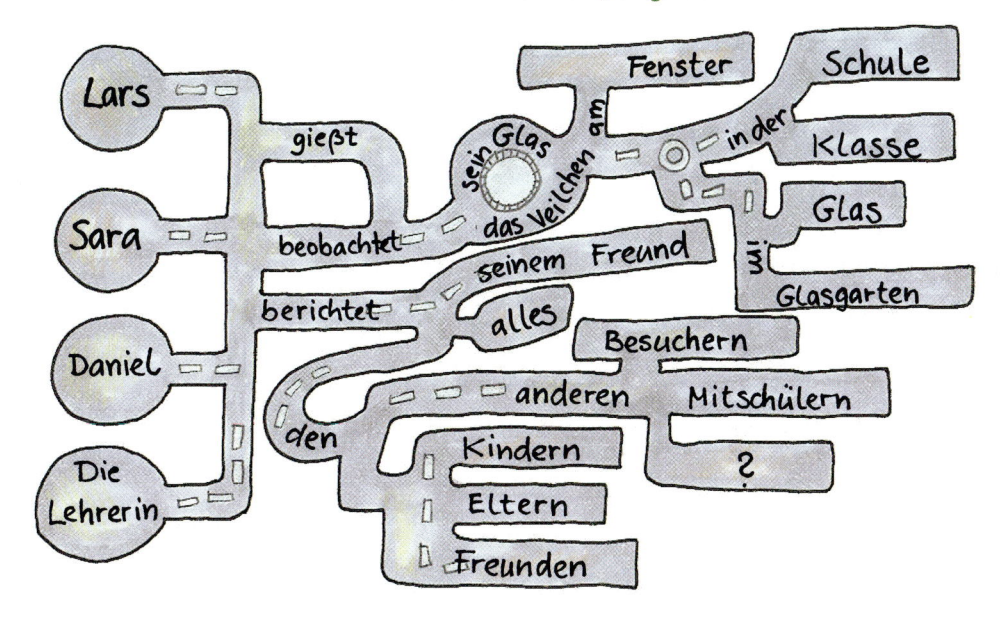

4 Auf dieser Lese- und Schreibstraße kannst du viele Sätze bilden.

Lars / Sara / Daniel / Die Lehrerin — gießt / beobachtet / berichtet — sein Glas / das Veilchen / seinem Freund / alles / den — am Fenster / in der — Schule / Klasse / Glas / Glasgarten / Besuchern / Mitschülern / Kindern / Eltern / Freunden — ?

Liebe geht

Ein süßer Traum

In der Nacht hatte Sven einen Traum. Er lief durch einen Garten. Stellt euch vor, auf den Bäumen wuchsen kleine Herzen aus Schokolade. An den Sträuchern hingen viele süße Sachen. Aus einer Quelle kam Tee heraus, der ganz frisch schmeckte. Aber ein Berg gefiel Sven am besten. Unten gab es viele Äpfel. Darüber lagen Fleisch, Fisch und sehr viel Obst. Oben auf dem Berg entdeckte er Quark mit bunten Zuckerstücken. Das ist ja wie im ..., dachte Sven als der Wecker klingelte.

der	Berg
der	Quark
die	Sachen
der	Fisch
das	Fleisch
der	Tee
das	Obst
das	Herz
der	Zucker
er	gefiel
sie	dachte
es	gab
	süß
am	besten
	ganz

1 In dem Gitter sind Übungswörter versteckt. Schreibe sie auf.

L	A	G	E	F	I	E	L	K	A	L	F	I	S	C	H	M	A
X	B	E	R	G	O	P	D	A	C	H	T	E	U	T	E	E	I
Z	T	Z	U	C	K	E	R	L	F	L	E	I	S	C	H	N	M
O	B	S	T	W	H	E	R	Z	G	Q	U	A	R	K	B	U	L

2 Hier ist etwas verrutscht. Entschlüssle den Text. Unterstreiche die Übungswörter.

Svens ahi mGar tendieStr äuch eran. Er wol lted ieHe rzenau sSchoko ladees sen. Si ewar ense hrsü ß. De nBe rgau sÄpf eln, Fle ischund Quarkm itZu ckersa chensa herer stvie lspät er. Dawa re rsch onsatt.

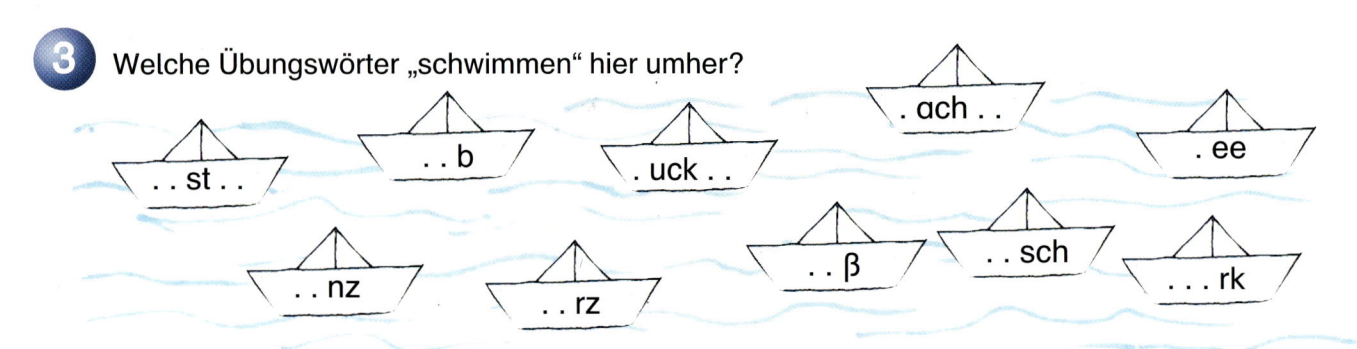

3 Welche Übungswörter „schwimmen" hier umher?

. . st . .   . . b   . uck . .   . ach . .   . ee

. . nz   . . rz   . . ß   . . sch   . . . rk

4

Wem	schmeckt	was?
Mir	schmecken	Quark mit Äpfeln.
Mutter	schmeckt	Nudeln mit Tomatensoße.
Opa		mageres Fleisch.
Eva		Obst und Gemüse.
Vater		Fisch ohne Gräten.
...		kalter Apfeltee.

durch den Magen

Eine tolle Knolle
Früher wollten die Bauern von Kartoffeln nichts wissen. Sie glaubten, die Pflanze wäre nicht gesund. Der schlaue König wusste es aber besser und dachte sich einen Trick aus. Er legte ein Kartoffelfeld an, ließ es gut pflegen und nachts bewachen. Die Bauern kamen heimlich mit Körben und nahmen sich die Kartoffeln. Sie pflanzten sie auf ihre eigenen Felder. Bald lebten viele Menschen von Kartoffeln. Seitdem ernten wir jedes Jahr im Herbst in unserem Land diese tolle Knolle.

der Bauer
die Kartoffel
das Feld
der Korb
das Land
    pflegen
    ernten
er ließ
er wusste
    gesund
    besser
    bald

1 Welche Wörter verstecken sich im Kartoffelkorb?

2 Mit **Kartoffel** kannst du viele neue Wörter bilden. Schreibe die zusammengesetzten Nomen mit ihrem Artikel auf. Bilde mit einigen Nomen Sätze.

Schale   Messer   Puffer   Sack

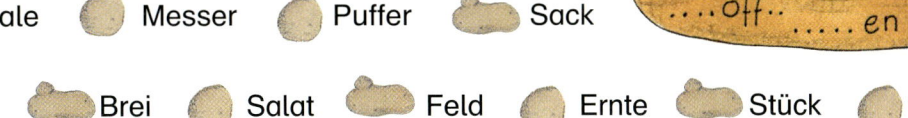

Kuchen   Brei   Salat   Feld   Ernte   Stück   Gericht

(Kartoffelkorb: .uss.. .ess.. .ld ...b .rn... ..nd .ie. ....off.. .....en b...)

3 **Wörter entflechten**
In jedem Zopf stecken zwei Wörter mit **Kartoffel.**

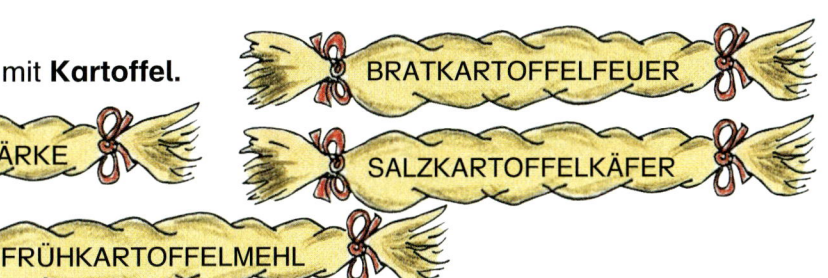

- BRATKARTOFFELFEUER
- BACKKARTOFFELSTÄRKE
- SALZKARTOFFELKÄFER
- FRÜHKARTOFFELMEHL

4 Hier sind Sätze durcheinander gepurzelt. Schreibe für jeden Satz zwei Möglichkeiten auf. Denke daran: Den Satzanfang und Nomen schreibt man groß.

HIELTEN DIE BAUERN FÜR EINE GIFTIGE PFLANZE DIE KARTOFFEL
EINEN TRICK DER SCHLAUE KÖNIG WUSSTE
ER EIN KARTOFFELFELD LEGTE AN
MIT IHREN KÖRBEN DIE BAUERN DIE KARTOFFELN HOLTEN NACHTS
VIELE MENSCHEN BALD VON KARTOFFELN LEBTEN
HEUTE KENNEN VIELE KARTOFFELGERICHTE WIR

173

Zeit vor dem Fernsehen

Fernsehen

In unserer Familie gibt es manchmal Streit um das Fernsehprogramm. Meine ältere Schwester möchte immer allein wählen, welche Sendung wir schauen. Sie will lustige Trickfilme sehen, aber mir gefallen richtige Filme besser. Mein Bruder findet die Werbung am besten. Nur beim Sport sitzen wir alle pünktlich vor dem Fernseher. Wenn unsere Lieblingsmannschaft gewinnt, freuen wir uns. Wenn sie verliert, ist mein Bruder böse. Ich finde das nicht so schlimm. Im nächsten Spiel wird die Mannschaft sicher besser spielen, denke ich mir.

der Sport
das Programm
der Streit
fernsehen
gefallen
gewinnen
wählen
verlieren
lustig
richtig
nächste
pünktlich
allein

1 Für diese Wörter brauchst du einen Spiegel.

gefallen · Programm · Streit · pünktlich · allein
gewinnen · lustig · nächste · verlieren · Sport · richtig

2 Hier sind die Silben durcheinander gepurzelt. Schreibe die Wörter richtig auf.

Pro- len gramm wäh- len ge- se- fal- lie- ge- nen lus- tig tig ver- pünkt- ren win- lich hen fern- rich-

3 Wem gefällt was? Schreibe Sätze:
Mir gefällt ein spannendes Autorennen. ...

lustige Trickfilme · eine interessante Tiersendung · ein spannendes Autorennen
Serien · eine Sendung über Politik · ein Krimi · Märchenfilme · ?

4 Welche Übungswörter kannst du mit diesen besonderen Computer-Tasten schreiben?

Bildschirm

Mit dem Computer arbeiten

In der Schreibwerkstatt haben die Kinder Gedichte geschrieben. Hanna tippt ihren Text in den Computer. Mit einem Computerprogramm kann sie nun Wörter und Sätze bearbeiten. Sie macht sie größer, kleiner, fett oder bunt. Sie kann sie sogar verschieben. Wenn ihr etwas nicht gefällt, löscht sie es wieder. Dazu bewegt sie die Maus. Jetzt ist Hanna fertig. Sie darf nicht vergessen den Text zu sichern. Zum Schluss lässt sie ihr Gedicht ausdrucken.

der *Computer*
bewegen
arbeiten
schieben
lassen
löschen
vergessen
fett
bunt
fertig
jetzt

1 Ordne die Übungswörter nach dem Abc.

2 Die Lösungswörter der Geheimschrift stehen im Wörterspeicher.

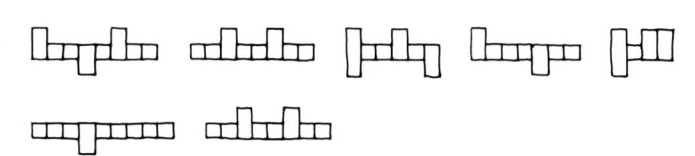

3 Wörter mit **ass**

l   f   G   Kl   **ass**   en
T   n   p   e

4 Wörter mit **ess**

verg   b   m   Kr   **ess**   en   er
M   pr   fr   e

5 Satzschieber

Hanna	vergisst	den Text zu sichern.
Ich	vergesse	ein Wort zu schreiben.
Du	vergessen	die Maus zu bewegen.
Wir		am Computer die Zeit.
Karen und Tom		ihren Streit mit Alenka.

6 Hier hat wohl ein Computervirus alle Selbstlaute vernichtet. Versuche den Text zu „reparieren".

Hxnnx txppt xhrxn Txxt xn dxn Cxmpxtxr. Dxnn wxll sxx Wxrtxr xnd Sxtzx bxxrbxxtxn. Dxch dxr Cxmpxtxr mxcht, wxs xr wxll. Xr vxrschxxbt Wxrtxr, wxnn Hxnnx sxx klxxnxr hxbxn mxchtx. Jxtzt stxllt sxx dxn Cxmpxtxr xxs xnd nxch kxrzxr Zxxt wxxdxr an. Nxn xrbxxtxt xr wxxdxr rxchtxg. Wxs wxr dx nxr lxs?

A a

ab
acht
ähnlich
alle
allein
alt
anfangen, sie fängt an
sich **anstrengen**,
er strengt sich an
der Apfel, die Äpfel
der April
die Arbeit, die Arbeiten
arbeiten, sie arbeitet
der **Arzt**, die Ärzte
die **Ärztin**, die Ärztinnen
er **aß**
die Aufgabe, die Aufgaben
das Auge, die Augen
der August
das Auto, die Autos

B b

das **Baby**, die Babys
backen, er backt
das Bad, die Bäder
baden, sie badet
die **Bahn**, die Bahnen
bald
der Ball, die Bälle
die **Bank**, die Bänke
basteln, er bastelt
bauen, sie baut
der Bauer, die Bauern
der Baum, die Bäume
die **Beere**, die Beeren
beißen, er beißt
beobachten,
sie beobachtet
der Berg, die Berge
der **Bericht**, die Berichte
berichten, sie berichtet
der **Beruf**, die Berufe
besser
am **besten**
der **Besuch**, die Besuche
besuchen, er besucht
das Bett, die Betten
bewegen, sie bewegt
du bist
bitten, sie bittet
das Blatt, die Blätter
blau
bleiben, er bleibt
er **blieb**
der **Blitz**, die Blitze
blitzen, es blitzt
blühen, es blüht
die Blume, die Blumen
die **Blüte**, die Blüten
der **Boden**, die Böden
das Boot, die Boote
böse
brauchen, er braucht
bremsen, sie bremst
der Brief, die Briefe
bringen, sie bringt
das Brot, die Brote
die **Brücke**, die Brücken
der Bruder, die Brüder
brummen, es brummt
das Buch, die Bücher
bunt
der Bus, die Busse
die Butter

C c

der Computer,
die Computer

D d

sie **dachte**
dann
er darf
decken, er deckt
denken, sie denkt
sie dachte
der Dezember
dicht
dick
der Dienstag,
die Dienstage
dies, diese, dieser,
dieses
donnern, es donnert
der Donnerstag,
die Donnerstage
das **Dorf**, die Dörfer
draußen
drehen, sie dreht
drei
dunkel
dünn
dürfen, er darf

E e

eins
das Eis
die Eltern
eng
die Ente, die Enten
die Erde
erklären, sie erklärt
die **Ernte**, die Ernten
ernten, er erntet
erzählen, er erzählt
essen, sie isst
etwas
euch
euer, eure

F f

fahren, sie fährt
Fahrrad, die Fahrräder
die **Fahrt**, die Fahrten
fallen, er fällt
falsch
die Familie, die Familien
fassen, sie fasst
fast
der Februar
die Feier, die Feiern
feiern, er feiert
das **Feld**, die Felder
die Ferien
fernsehen, er sieht fern
fertig
fest
das **Fest**, die Feste
das **Fett**, die Fette
fett
feucht
sie **fiel**
finden, sie findet
der Fisch, die Fische
die Flasche, die Flaschen
das Fleisch
fleißig
fliegen, sie fliegt
fragen, er fragt
die Frau, die Frauen
der Freitag, die Freitage
fressen, es frisst
sich freuen, sie freut sich
der Freund, die Freunde
die
freundlich
der **Frieden**
frieren, er friert
frisch
froh
fröhlich
früh
früher
der Frühling
der **Fuchs**, die Füchse
sie **fuhr**
fünf
das Futter
füttern, er füttert

Die in Klasse 3 hinzugekommenen Wörter sind fett gedruckt.

G g

er **gab**
ganz
der Garten, die Gärten
geben, er gibt
der Geburtstag,
die Geburtstage
gefährlich
gefallen, es gefällt
es **gefiel**
gehen, sie geht
gelb
das Geld, die Gelder
das Gemüse
genug
gestern
gesund
gewinnen, er gewinnt
das **Gewitter**, die Gewitter
er gibt
sie **ging**
gießen, er gießt
glänzen, es glänzt
das Glas, die Gläser
glatt
das Gras, die Gräser
gratulieren,
sie gratuliert
groß
grün
der Gruß, die Grüße
grüßen, er grüßt
gut

H h

das Haar, die Haare
haben, er hat
halb
halten, er hält
die Hand, die Hände
hängen, es hängt
hart
du hast
sie hatte
heben, sie hebt,
das Haus, die Häuser
das Heft, die Hefte
helfen, er hilft
heißen, er heißt
heraus
der Herbst
herein
das Herz, die Herzen
heute
er **hielt**
er **hieß**
der **Himmel**
hinaus

hinein
hoch
am **höchsten**
der Hof, die Höfe
hohe
höher
die **Höhle**, die Höhlen
holen, sie holt
hören, er hört
die Hose, die Hosen
der Hund, die Hunde

I i

der **Igel**, die Igel
ihm
ihn
ihnen
ihr, ihre, ihren
immer
ins

J j

jagen, er jagt
der **Jäger**, die Jäger
das Jahr, die Jahre
der Januar
jeder
jetzt
der Juli
jung
der Junge, die Jungen
der Juni

K k

der **Kaffee**
kalt
er **kam**
sie kann
die **Karte**, die Karten
die **Kartoffel**,
die Kartoffeln
die Katze, die Katzen
kaufen, er kauft
kennen, sie kennt
das Kind, die Kinder
die Klasse, die Klassen
das Kleid, die Kleider
klein
klettern, sie klettert
klug
kochen, es kocht
kommen, er kommt
können, sie kann

der Kopf, die Köpfe
der **Korb**, die Körbe
kosten, es kostet
krank
der Kreis, die Kreise
der Kuchen, die Kuchen
kühl
kurz

L l

lachen, sie lacht
das Land, die Länder
lang
langsam
sie **las**
lassen, sie lässt
laufen, er läuft
laut
leben, sie lebt
legen, sie legt
leer
der Lehrer, die Lehrer
die Lehrerin,
die Lehrerinnen
leicht
leise
lernen, er lernt
lesen, sie liest
letzte
die Leute
das **Licht**, die Lichter
lieben, er liebt
das Lied, die Lieder
liegen, er liegt
sie liest
er **ließ**
links
das Loch, die Löcher
der Löffel, die Löffel
lösen, sie löst
die Luft, die Lüfte
lustig

M m

das Mädchen, die Mädchen
der Mai
manchmal
der Mann, die Männer
das **Märchen**, die Märchen
der **Markt**, die Märkte
der März
mehr
am **meisten**
meistens
melden, er meldet
die Menge, die Mengen

Die in Klasse 3 hinzugekommenen Wörter sind fett gedruckt.

WÖRTERLISTE · WÖRTERLISTE · WÖRTERLISTE · WÖRTERLISTE · WÖR

der **Mensch**, die Menschen
messen, sie misst
das Messer, die Messer
die Milch
die **Minute**, die Minuten
mir
sie **misst**
die Mitte
der Mittwoch, die Mittwoche
er möchte
der Monat, die Monate
der Montag, die Montage
das **Moos**, die Moose
morgen
müde
der Müll
müssen, sie muss
die Mutter, die Mütter

N n

nächste
die Nacht, die Nächte
der Name, die Namen
die Nase, die Nasen
nass
neben
nehmen, er nimmt
das **Nest**, die Nester
neu
neun
nicht
nichts
sie nimmt
der **Norden**
der November

O o

oben
das **Obst**
offen
öffnen, sie öffnet
ohne
das Ohr, die Ohren
der Oktober
der **Ort**, die Orte
der **Osten**

P p

paar
das Papier, die Papiere
passen, es passt
die Pause, die Pausen

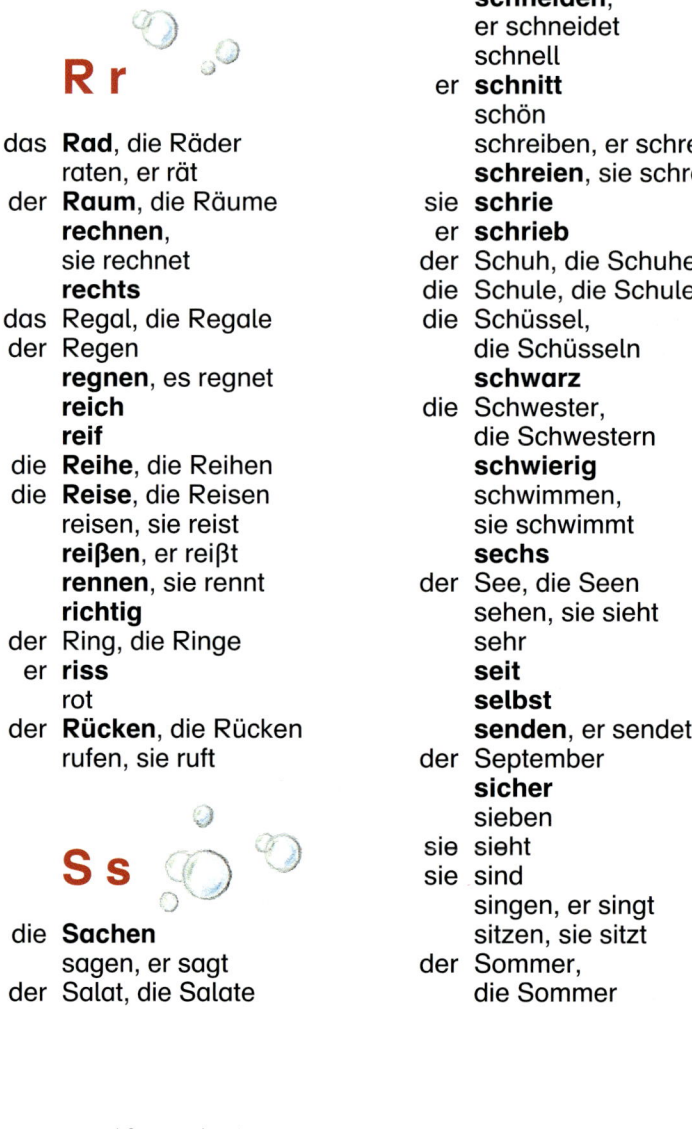

das **Pferd**, die Pferde
die Pflanze, die Pflanzen
pflanzen, sie pflanzt
pflegen, er pflegt
pflücken, sie pflückt
die **Pfütze**, die Pfützen
der Pilz, die Pilze
der Plan, die Pläne
planen, er plant
der Platz, die Plätze
plötzlich
die Post
das **Programm**, die Programme
prüfen, er prüft
der Punkt, die Punkte
pünktlich
die Puppe, die Puppen
putzen, sie putzt

Q q

der Quark
die **Quelle**, die Quellen
quer

R r

das Rad, die Räder
raten, er rät
der **Raum**, die Räume
rechnen, sie rechnet
rechts
das Regal, die Regale
der Regen
regnen, es regnet
reich
reif
die Reihe, die Reihen
die Reise, die Reisen
reisen, sie reist
reißen, er reißt
rennen, sie rennt
richtig
der Ring, die Ringe
er **riss**
rot
der Rücken, die Rücken
rufen, sie ruft

S s

die Sachen
sagen, er sagt
der Salat, die Salate

das **Salz**, die Salze
sammeln, sie sammelt
satt
der Satz, die Sätze
sauber
scharf
scheinen, sie scheint
schenken, er schenkt
die Schere, die Scheren
schieben, sie schiebt
sie **schien**
das Schiff, die Schiffe
schlafen, er schläft
schlagen, sie schlägt
schlecht
sie **schlief**
schlimm
das **Schloss**, die Schlösser
schmal
schmecken, es schmeckt
schmücken, sie schmückt
der **Schmutz**
schmutzig
der Schnee
schneiden, er schneidet
schnell
er **schnitt**
schön
schreiben, er schreibt
schreien, sie schreit
sie **schrie**
er **schrieb**
der Schuh, die Schuhe
die Schule, die Schulen
die Schüssel, die Schüsseln
schwarz
die Schwester, die Schwestern
schwierig
schwimmen, sie schwimmt
sechs
der See, die Seen
sehen, sie sieht
sehr
seit
selbst
senden, er sendet
der September
sicher
sieben
sie sieht
sie sind
singen, er singt
sitzen, sie sitzt
der Sommer, die Sommer

178 *Die in Klasse 3 hinzugekommenen Wörter sind fett gedruckt.*

der Sonnabend
 (der Samstag),
 die Sonnabende
die Sonne, die Sonnen
der Sonntag,
 die Sonntage
 sparen, sie spart
 spät
 spenden, sie spendet
das Spiel, die Spiele
 spielen, er spielt
der **Sport**
 sprechen, sie spricht
 springen, er springt
 spritzen, er spritzt
die Stadt, die Städte
der **Stall**, die Ställe
der **Stamm**, die Stämme
 er **stand**
 stark
 stehen, er steht
der Stein, die Steine
die **Stelle**, die Stellen
 stellen, er stellt
 sie **stieß**
 still
 stoßen, er stößt
die **Strafe**, die Strafen
 strahlen, es strahlt
die Straße, die Straßen
der **Strauch**, die Sträucher
der **Streit**, die Streits
 streiten, sie streitet
das **Stück**, die Stücke
die Stunde, die Stunden
 stürzen, er stürzt
 suchen, sie sucht
der **Süden**
die Suppe, die Suppen
 süß

T t

die Tafel, die Tafeln
der Tag, die Tage
 tanzen, er tanzt
die Tasche, die Taschen
die Tasse, die Tassen
 tauchen, er taucht
 tausend
der **Tee**
der Teller, die Teller
 tief
das Tier, die Tiere
der Tisch, die Tische
der Topf, die Töpfe
die Torte, die Torten
 tragen, sie trägt
 treffen, er trifft,
 treten, sie tritt

trinken, er trinkt
trocken
tropfen, es tropft
trüb
turnen, sie turnt
die Tüte, die Tüten

U u

üben, er übt
die **Übung**, die Übungen
die Uhr, die Uhren
uns
unser
unten
unter

V v

der Vater, die Väter
 sie **vergaß**
 vergessen, sie vergisst
der **Verkehr**
 verlieren, er verliert
 verraten, sie verrät
 viel
 viele
 vier
der Vogel, die Vögel
das **Volk**, die Völker
 voll
 vom
 von
 vor
 vorbei

W w

wachsen,
 sie wächst
die **Wahl**, die Wahlen
 wählen, sie wählt
der Wald, die Wälder
 wandern,
 sie wandert
 warm
 warten, er wartet
 waschen, sie wäscht
das Wasser
 wecken, er weckt
der Weg, die Wege
 wehen, es weht
 weich
das Weihnachten
 weinen, er weint
 weiß

weit
welche
wenn
werden, sie wird
der **Westen**
das Wetter
die Wiese, die Wiesen
der **Wind**, die Winde
der Winter, die Winter
 sie wird
 wischen, sie wischt
 wissen, er weiß
die Woche, die Wochen
 wohnen, sie wohnt
die **Wohnung**,
 die Wohnungen
die Wolke, die Wolken
die **Wolle**
 wollen, sie will
das Wort, die Wörter
 wünschen,
 er wünscht
die **Wurzel**, die Wurzeln
 er **wusste**

Z z

die Zahl, die Zahlen
 zählen, sie zählt
der Zahn, die Zähne
 zeichnen, sie zeichnet
 zeigen, er zeigt
die Zeit, die Zeiten
 ziehen, sie zieht
das Zimmer, die Zimmer
 sie **zog**
der Zucker
 zuerst
der **Zug**, die Züge
 zuletzt
 zum
 zur
 zurück
 zusammen
 zwei
 zwischen

Die in Klasse 3 hinzugekommenen Wörter sind fett gedruckt.

KAPITEL	Sachthemen (zum Teil integriert in mündl. Sprachgebrauch)	Mündlicher Sprachgebrauch/ Umgang mit Texten	Schriftlicher Sprachgebrauch
Zusammen leben – zusammen lernen S. 5–16	Wünsche für gemeinsame Aktivitäten im 3. Schuljahr formulieren (6/7); ein Rezept verstehen und danach einen Kuchen backen (8); sich mit Konflikten, Ursachen und Lösungsvorstellungen auseinander setzen (10/11); über den „Klassenrat" und seine Aufgaben nachdenken, ggf. einen Klassenrat einrichten (11); einen Arbeitsplan für ein größeres Vorhaben aufstellen und gezielt Hilfe erbitten (12)	gemeinsame Vorhaben planen: Jahresprogramm, internationales Fest (7, 12–15); Gesprächsregeln/Regeln für das Zusammenleben wiederholen/aufstellen (7, 11); eigene Meinung verdeutlichen (7); Konfliktlösungsmöglichkeiten besprechen und im Rollenspiel erproben (11); nach Textvorlage Szenen und Personen darstellen (13); Gedicht vortragen üben (9)	Ideen/Gesprächsregeln/Regeln für das Zusammenleben/Arbeitsplan notieren (7, 11, 12); Streitlösungen notieren (11); Poster/Kalender mit Texten und Bildern gestalten (7, 11); Bilder und Texte zu Szenen entwerfen (13); Nachrichten/Wünsche/Grüße in einem Freundschaftsherz verschenken (15); Schreibanregungen (16) **AH Sprache S. 1, 3**
Von Sonne, Wind und Wolken S. 17–28	die subjektive Sichtweise von Wettererscheinungen nachvollziehen (18); Informationen aus Texten und Abb. (Sonne, Entstehung von Wind, Wasserkreislauf) entnehmen/besprechen (20, 22, 24); Versuche (Temperaturmessung, aufsteigende Luft, Wasserkondensation) vorbereiten und durchführen (20, 22, 24); das Wetter längere Zeit beobachten (26)	von Erlebnissen mit dem Wetter erzählen/eigene Texte vorlesen (19); Rätseltexte entschlüsseln (21, 27); aus Fragen und Antworten einen Text konstruieren (23) **AH Sprache S. 5, 8**	Texte planen: Wörtersammlung; Schreibwerkstatt (19); einem Text die passende Überschrift zuordnen und den Text abschreiben (21); mündlich konstruierte Geschichte gestaltend aufschreiben (23); nach Vorgaben Texte schreiben: Textanfang, Bilder, Verben (25, 27); Schreibanregungen (28) **AH Sprache S. 7, 8**
Wir werden immer größer S. 29–40	die eigene Zeit als Kleinkind darstellen und eine Ausstellung planen (30/31); sich informieren, wie ein Baby im Bauch der Mutter wächst und was es nach der Geburt an Zuwendung braucht (32–35); von ärztlicher Behandlung berichten (36); Maßnahmen, die der Gesundheit dienen, kennen und Bewegungsübungen in der Klasse durchführen (38/39)	Informationen einholen/vergleichen/kommentieren (31); Gedicht ausdrucksvoll vorlesen (30); Informationen aus Bastel- und Übungsanleitungen entnehmen (33, 35, 39); Gespräche zum Thema „Kranksein" führen (37); Text in Spielszene umsetzen, eine Fortsetzung ausdenken (39) **AH Sprache S. 12**	chronologische Abläufe in Texten darstellen, ein Leporello gestalten (31); Wörtersammlung/Texte zum Thema „Kranksein" (37); eine begonnene Geschichte fortsetzen (39); eine Übungsanleitung schreiben, dazu zeichnen (39); Schreibanregungen (40) **AH Sprache S. 12**
Im Wandel der Zeit S. 41–50	über Lebensbedingungen zur Kinderzeit der Großeltern „Experten" befragen; eine Ausstellung organisieren (42–45); Gründe für die Veränderungen eines Ortes erkunden (46/47); den Aufbau einer Zeitleiste nachvollziehen (48/49); aus Sachbüchern gezielt Informationen heraussuchen (48)	Informationen aus Texten/Fotos/Abbildungen entnehmen (43, 45, 46/47, 48/49); Informationen einholen (47); Gedichtvortrag üben (43); über Texteindrücke sprechen (49) **AH Sprache S. 14, 16**	mündlich fabulierte Textfortsetzung aufschreiben; einen Einkaufszettel schreiben (43); Tagebuchtexte und Gespräche in der Zukunft fantasieren; Schreibhinweise nutzen (45, 47); Steckbrief (47); nach Vorgaben Texte schreiben/Bilder malen (49); Schreibanregungen (52) **AH Sprache S. 14, 16**
Entdeckungsreise zu nahen und fernen Orten S. 51–60	den Schulhof mit Fotos, Modell und Plan darstellen; die Himmelsrichtungen kennen (52/53); sich auf einem Ortsplan orientieren (54/55); die Bedeutung von Straßennamen erkunden (56); sich über alte Handwerke informieren (56/57); Spiele und Plakate mit eigenen Fotos und Zeichnungen gestalten (54, 58)	über Beobachtungen berichten (53); eine Bauanleitung praktisch realisieren (55); Informationen aus Texten/Bildern entnehmen (55, 57); Zeichenerklärung für Textverständnis nutzen (55); Vermutungen über den Fortgang einer Geschichte äußern (59) **AH Sprache S. 20**	Beobachtungen zum Sonnenlauf notieren (53); mit Hilfe von Zeichenerklärungen einen Lückentext ergänzen (55); Informationen festhalten (57); Texte über Lieblingsplätze schreiben/Schreibhinweise beachten (59); Schreibanregungen (60) **AH Sprache S. 19, 20**
Jeder braucht die Hilfe von anderen S. 61–72	erkunden, welche Dienstleistungen im eigenen Umfeld angeboten werden (62, 64); Informationen über Berufe im Krankenhaus auswerten; von Erlebnissen im Krankenhaus berichten (66–68); eine Expertenbefragung zur Feuerwehr organisieren; wissen, wie man die Feuerwehr über Notruf alarmiert (70/71)	über Erfahrungen mit Dienstleistungseinrichtungen sprechen; Informationen aus Texten/Bildern entnehmen/durch Interview einholen/auswerten (62–69); Bilder/Bildergeschichte als Erzählanlässe (62–67, 71)	Texte über Dienstleistungseinrichtungen schreiben (63, 65, 67, 68); Schreibwerkstatt: Tipps für einen Sachtext (65); Interview-Fragen notieren; Stichwortliste für einen Brief und Entwurf (69); Bildergeschichte schreiben: Spannung ausdrücken, wörtliche Rede; Merkzettel schreiben/gestalten (71); Schreibanregungen (72) **AH Sprache S. 21, 24**
Mit offenen Augen durch den Wald S. 73–84	eine Fragensammlung zum Thema „Wald" systematisieren (74); Keimung und Entwicklung einer Pflanze beschreiben (76/77); Waldgänge vorbereiten: Boden untersuchen, Sträucher und Blumen (Bestäubung) kennen, Bäume untersuchen (76–80); Sammlungen anlegen (76, 80); Sachtexte schreiben (77, 78)	Textverständnis überprüfen (75); über Waldbeobachtungen berichten (76, 78, 80); Gedicht ausdrucksvoll vortragen; Quiz spielen (79); Projekt: Schultag im Waldtheater/Theaterspiel (82/83) **AH Sprache S. 27, 28**	Falschaussagen in einem Text berichtigen; mit einem Bild eine Geschichte erzählen (75); nach Vorgaben verschiedene Texte schreiben (Waldgang, Entwicklung einer Pflanze); Schreibwerkstatt (77); Quizfragen notieren (79); Schreibanregungen (84) **AH Sprache S. 28**

Sprache untersuchen	Rechtschreiben (Der GWS wird innerhalb der Kapitel und/oder des Kurses „Sprache untersuchen und richtig schreiben" mehrfach geübt.)	Sprache untersuchen und richtig schreiben
Zusammenhänge zwischen Äußerungsabsicht und Form erkennen (7, 11); Texte mit Adjektiven schreiben (9); Wortart Nomen und Artikel wiederholen/Komposita bilden (9); im Textzusammenhang vorbegrifflich mit wörtlicher Rede umgehen (13); Wortfeld „sagen" (13); sich in fremden Sprachen orientieren (16) AH Sprache S. 2, 3, 4	Großschreibung von Nomen wiederholen/Komposita mit Artikel schreiben (9); Adjektive in Sätzen gebrauchen (9); Zeichensetzung bei wörtlicher Rede erfahren (13); GWS/Wörterspeicher üben (7, 11) AH Sprache S. 2, 3, 4	S. 152/153 Übungstexte abschreiben, Partner- und Dosendiktat; in Geheimschriften Übungswörter entschlüsseln; Reimwortübung; Wörter mit ang; Übungswörter nach dem Alphabet ordnen; einfache Sätze nach Mustern schreiben; Großschreibung von Nomen und am Satzanfang; verpurzelte Sätze ordnen; Sätze nach Bauplan schreiben
Nutzen von Wörtersammlungen untersuchen (19); Verstehensprobleme klären (21); Wortart Adjektiv wiederholen/ in Sätzen/Texten verwenden (21, 27); Ableitungen mit -ig/-lich (27); Wortart Verb wiederholen und ein Gedicht schreiben (23); spielerisch die Bedeutung des Wortfelds „regnen" erkunden (25); Wörter nach Wortarten ordnen (25); sich in fremden Sprachen orientieren (28) AH Sprache S. 5, 6	Adjektive/Verben in Sätzen/Texten flektiert gebrauchen (21, 23, 25, 27); Großschreibung von Nomen (25); Adjektive mit -ig und -lich schreiben; Rechtschreibhilfe Wortverlängerung lernen (27); Text mit GWS entschlüsseln (27); GWS/Wörterspeicher üben (19, 27) AH Sprache S. 5, 6	S. 154/155 Übungstexte abschreiben, Partner- und Dosendiktat; in Geheimschriften Übungswörter entschlüsseln; verwürfelte Satzteile ordnen; Selbstlaute abhören, in Minimalpaaren unterscheiden; Wörter mit itz, -ig und -lich; Wortverlängerung bei Adjektiven; mit dem Satzschieber üben
Sprachvarianten erkunden (31); in spielerischer Form Wortstamm und Endung der Verben wiederholen (33); Grundform und Personalformen kennen lernen (35); Verben in Sätzen/Texten üben (33, 35, 37); Imperativformen (39); wörtliche Rede in Texten verwenden und Terminus kennen lernen (39); Verben in Komposita entdecken, verwürfelte Komposita ordnen (35, 37) AH Sprache S. 9, 10	Stammprinzip bei Verben erfahren (33); Personalformen spielerisch und in Sätzen/Texten üben (33, 35 37); Imperativformen in einem Text schreiben (39); Großschreibung von Nomen/Komposita (37); Wörter mit ng und nk (37); Zeichensetzung bei wörtlicher Rede anwenden (39); GWS/Wörterspeicher üben (31, 33, 37) AH Sprache S. 9, 10, 11, 12	S. 156/157 Übungstexte abschreiben, Partner-, Dosen-, Schleichdiktat; Übungswörter nach Wortarten ordnen; Silben zusammensetzen; mit der Verbschablone üben: Verben mit Wechsel a-ä; verwandte Wörter; in Geheimschrift Übungswörter entschlüsseln; Reimwortübung; verwürfelte Sätze ordnen; Sätze nach Bauplan schreiben/ Stammprinzip
Zusammenspiel von Wort und Körpersprache erkunden; besondere Textform reflektieren (43, 45); Zeitformen des Verbs kennen lernen (Gegenwarts- und Vergangenheitsform) und in Sätzen/Texten verwenden (45) AH Sprache S. 13, 15, 16	Wörter mit doppelten Mitlauten üben; Reimwörter (Nomen) finden (43); Zeitformen des Verbs in Sätzen/Texten verwenden (45); GWS/Wörterspeicher üben (44, 46) AH Sprache S. 13, 14, 15, 16	S. 158/159 Übungstexte abschreiben, Partner-, Dosen-, Schleichdiktat; in Geheimschriften Übungswörter entschlüsseln; Sätze nach Bauplan schreiben/ Stammprinzip; Vergangenheitsformen in Sätzen verwenden; Selbstlaute abhören, in Minimalpaaren unterscheiden; aus verwürfelten Satzgliedern Sätze bauen
In Texten Orts- und Zeitangaben verwenden (53); Sätze gliedern/umstellen, Terminus Satzglieder lernen (53, 55); einen Text in verschiedene Zeitstufen setzen (57); Herkunft und Bedeutung von Wörtern erkunden (57); sich in fremden Sprachen orientieren (60) AH Sprache S. 17/18, 19	Großschreibung am Satzanfang/Satzschlusszeichen beachten (53, 55); schwierige Vergangenheitsformen auf die Grundform zurückführen und schreiben/Wörter mit ie (57); GWS/Wörterspeicher üben (54, 59) AH Sprache S. 19	S. 160/161 Übungstexte abschreiben, Partner-, Dosen-, Schleichdiktat; in Geheimschrift Übungswörter entschlüsseln; Silben zu Wörtern zusammensetzen; aus verwürfelten Satzgliedern Sätze bauen; Großschreibung am Satzanfang, bei Nomen/ Satzschlusszeichen; Wörter mit ett; Fragen beantworten; Lese- und Schreibstraße
Verben in Sätzen verwenden/Leistung von mit Wortbausteinen zusammengesetzten Verben im Satzzusammenhang erfahren (63); vorbegrifflich mit Subjekt und Prädikat umgehen (63, 67); Einsatz sprachlicher Mittel reflektieren (64, 65, 71); verwürfelte Sätze ordnen (67); Zusammenhänge zwischen Äußerungsabsicht und -form erkennen (69); Fragen notieren/Fragezeichen (69) AH Sprache S. 21, 23	Verben (Grundform) in Sätzen flektiert verwenden; Wörter mit Dehnungs-h üben; mit Wortbausteinen zusammengesetzte Verben üben (63); Großschreibung am Satzanfang (67); Großschreibung bestimmter Anredepronomen; Fragesätze/Fragezeichen (69); GWS/Wörterspeicher üben (63, 67) AH Sprache S. 21, 22	S. 162/163 Übungstexte abschreiben, Partner-, Dosen-, Schleichdiktat; in Geheimschriften Übungswörter entschlüsseln; Verben mit Wortbausteinen; Komposita bilden/in Sätzen verwenden; Wortstamm Fahr/fahr; Riesensätze bauen; aus verwürfelten Satzgliedern Sätze bauen
Verstehensprobleme klären; mit Nomen umgehen (75, 79); Satzgrenzen erkennen/Satzschlusszeichen setzen; Wörter mit S-Laut schreiben (79); mit Lese- und Schreibstraße Sätze bilden; Satzgegenstand (Subjekt)/Satzaussage (Prädikat) lernen; vorbegrifflich mit der 2. Vergleichsstufe umgehen; sich in fremden Sprachen orientieren (84) AH Sprache S. 26, 27	Nomen schreiben (75, 79); Wörter mit aa, ee, oo (77); stimmhafte/stimmlose S-Laute unterscheiden; mit der Wörterliste arbeiten; Aussagesätze/Punkt/Großschreibung am Satzanfang (79); GWS/Wörterspeicher üben (75, 79) AH Sprache S. 25, 26	S. 164/165 Übungstexte abschreiben, Partner-, Dosen-, Schleichdiktat; in Geheimschrift Übungswörter entschlüsseln; Abc-Ordnung; Reimwortübungen; Großschreibung von Nomen; Silben zu Wörtern zusammensetzen; Sätze nach Bauplan schreiben/Stammprinzip; Subjekt/Prädikat üben

KAPITEL	Sachthemen (zum Teil integriert in mündl. Sprachgebrauch)	Mündlicher Sprachgebrauch/ Umgang mit Texten	Schriftlicher Sprachgebrauch
Von Krabbeltieren und schlauen Füchsen S. 85–94	kleine Tiere entdecken, bestimmen und mit Kurzinfo-Texten beschreiben; über „Ekel"-Tiere sprechen (86/87, 90); Nisthilfen für kleine Tiere bauen (88/89); den Lebenszyklus und die Verwandlung eines Maikäfers beschreiben (90); mit Hilfe von Bildern und Text eine möglichst genaue Tierbeschreibung verfassen (86, 90); die Angepasstheit des Fuchses an seinen Lebensraum erkennen (92)	Rätseltexte mit Pronomen lesen und verstehen (87); Informationen aus Texten/Bauanleitungen entnehmen/auswerten (88/89, 91); Informationen für ein Tierquiz sammeln; Klangspiel gestalten (91); szenisches Spielen; Gestik, Mimik, Stimme rollenadäquat einsetzen (93)	Rätseltexte mit Pronomen schreiben (87); nach Vorgaben Texte schreiben: Stichwörter, Bilder; Texte im Hinblick auf den Satzbau überarbeiten (89); Informationen für ein Tierquiz notieren (91); mündlich fabulierte Fabel-Szenen notieren; Adjektive als Stilmittel verwenden; wörtliche Rede; Schlusssatz formulieren (93); Schreibanregungen (94) **AH Sprache S. 29, 32**
Sicher im Verkehr S. 95–102	ein Fahrrad auf Verkehrssicherheit überprüfen (96); eine Radtour planen (97); Parcours für fahrtechnische Übungen ausdenken, diese durchführen (98); Verhalten von Radfahrern und Fußgängern besprechen (100/101); Vorfahrtsregeln und Verkehrsschilder kennen (100)	Informationen aus einer Bastelanleitung entnehmen/verwerten (97); Texte als Erzählanlässe (97, 99); Rollenspiel (99)	nach Vorgaben Texte schreiben: Reizwörter, Textanfang (97, 99); verwürfelten Text ordnen (101); Schreibanregungen (102) **AH Sprache S. 34**
Das alles ist Wasser S. 103–114	sich über die Verteilung des Wassers auf der Erde informieren; die verschiedenen Zustandsformen beschreiben (104/105); Versuche planen und durchführen (104, 106, 108); Aussagen auf ihre Richtigkeit prüfen (106); Wasserkreisläufe in der Natur beschreiben (108); Wasser als kostbares Lebensmittel begreifen, den Verbrauch der Familie ermitteln, Sparmaßnahmen besprechen (110/111); etwas über die heilende und mythologische Bedeutung des Wassers erfahren (112)	Rätseltext entschlüsseln (105); Informationen aus Texten/Bildern entnehmen; in Expertengruppen Informationen zusammentragen (105, 107); anderen etwas erklären (107); Vermutungen und Beobachtungen sprachlich in Beziehung setzen; ein Gedicht mit Kunstwörtern lesen/verstehen/vortragen (109); Gespräche führen; Geschichten in einem Bild entdecken (111); Text mit verteilten Rollen lesen (113) **AH Sprache S. 35, 36**	Rätseltext mit Adjektiven schreiben (105); nach Vorgaben verschiedene Texte schreiben: Fotos, Bild, Text (105, 107, 111, 113); nach Schreibmuster Informationsblatt verfassen (107); einen Sachtext ordnen (109); wörtliche Redeteile notieren; Schreibhinweise für eine Fortsetzungsgeschichte beachten (113); Schreibanregungen (114) **AH Sprache S. 35, 36**
Liebe geht durch den Magen S. 115–124	darüber sprechen, welche Wechselwirkungen zwischen Essen und Wohlbefinden bestehen (116/117); die wichtigen Stationen der Verdauung kennen (118/119); Sachtexte lesen und erklären (118, 120); sich über die Kartoffel als Grundnahrungsmittel informieren und sie untersuchen (120/121); etwas über Essgewohnheiten in anderen Ländern (Beispiel China) erfahren (122/123)	Erlebnisse mit dem Essen erzählen (116); Bilder/Texte als Erzählanlässe (117, 122/123); Redensarten erklären (117, 119); Fragen zu einem Text beantworten; Informationen sammeln über Namen der Kartoffel (121); im Gesprächskreis Tischsitten thematisieren (123) **AH Sprache S. 40**	zu einem Bild Stichwörter notieren; Geschichten erfinden; Schreibhinweise beachten: Überschrift, Textanfang, Zeitstufe; Redensarten erklären/dazu malen (117); mit Hilfe einer Abbildung einen Lückentext ergänzen; Verdauungsregeln formulieren (119); Fragen zu einem Text beantworten; Namen der Kartoffel plakatieren (121); Geschichten vom Essen schreiben (123); Schreibanregungen (124) **AH Sprache S. 40**
Zeit vor dem Bildschirm S. 125–134	Aussagen über Lieblingssendungen darstellen; ein Wochenprotokoll anfertigen (126/127); über die Bedeutung des Fernsehens für die Freizeitgestaltung sprechen; ein Interview durchführen (128/129); kleine Fernsehprojekte selbstständig planen und durchführen (130/131); etwas über den Anfang der Computerentwicklung und die Grundlage der -sprache erfahren (132/133)	von Lieblingssendungen im Fernsehen erzählen; aus Beispieltexten Kriterien für die Strukturierung eigener Texte ableiten; Rätselspiele mit Lieblingssendungen (127); Streitgespräche ausdenken/ in Spielszenen umsetzen (129); Ideen für ein Projekt „Fernsehgeschichten" sammeln (131)	Kriterien für die Strukturierung eigener Texte erproben; Rätselkarten mit Lieblingssendungen anfertigen (127); Schreibwerkstatt mit Fernsehgeschichten: nach Vorgabe Texte schreiben oder nach eigener Themenstellung (131); mit „Computer-Wörtern" kleine Gedichte schreiben und gestalten (133); Schreibanregungen (134) **AH Sprache S. 42, 43**
Herbst S. 135 **Winter** S. 139 **Frühling** S. 143 **Sommer** S. 147		vielfältige Anregungen zum Basteln, Schreiben, Gestalten und Spielen	

Sprache untersuchen	Rechtschreiben (Der GWS wird innerhalb der Kapitel und/oder des Kurses „Sprache untersuchen und richtig schreiben" mehrfach geübt.)	Sprache untersuchen und richtig schreiben
Pronomen als Ersatz für Nomen kennen lernen/in Rätseltexten verwenden (87); Einsatz sprachlicher Mittel reflektieren (89); Varianten der Realisierung eines Tierquiz überlegen; Funktion der Vergleichsstufen und Begriff kennen lernen (91); Besonderheiten einer Fabel untersuchen; Zusammenspiel von Wort und Körpersprache erkunden; Vergleichsstufe als besonderes Stilmittel kennen lernen (93) AH Sprache S. 29, 30, 31	Pronomen in Rätseltexten schreiben/Nomen für Pronomen finden; Großschreibung von Tiernamen (87); Übungswörter in einem Text entschlüsseln; Riesensatz in mehrere Aussagesätze auflösen (89); Adjektive und ihre Vergleichsstufen bilden und schreiben (91, 93); Zeichensetzung bei wörtlicher Rede; Wörter mit ss (93); GWS/Wörterspeicher üben (89, 93) AH Sprache S. 30, 31	S. 166/167 Übungstexte abschreiben, Partner-, Dosen-, Schleichdiktat; in Geheimschriften Übungswörter entschlüsseln; Verben mit Wortbausteinen im Satzzusammenhang flektiert verwenden/Stammprinzip; Satzschieber; Großschreibung am Satzanfang/von Nomen; Sätze mit Pronomen und Adjektiven; Fragen beantworten
Verben mit Wortbausteinen in Sätzen verwenden; spielerisch (Wörterwürfel) Wortbausteine und Verben zusammensetzen (97); mit einer „Satzbaumaschine" Subjekte und Prädikate zusammenbauen; Komposita mit „Verkehr" bilden (101) AH Sprache S. 33	Verben mit Wortbausteinen schreiben/flektiert in Sätzen verwenden (97); Wörter mit V/v üben/Abdeckdiktat; in Wörterliste und -buch nachschlagen (99); Wortfamilie „Verkehr" (101); GWS/Wörterspeicher üben (97, 99) AH Sprache S. 33	S. 168/169 Übungstexte abschreiben, Partner-, Dosen-, Schleichdiktat; in Geheimschriften Übungswörter entschlüsseln; Wörter mit Ver/ver und Vor/vor; Satzschieber; Würfeldiktat; verwandte Wörter; Text in Vergangenheit setzen
Rätseltext mit Adjektiven schreiben; Adjektiv-Minimalpaare finden; mit Nomen umgehen (105); Verstehensprobleme klären (107, 109); Sätze geordnet aufschreiben (109); sich in fremden Sprachen orientieren (114) AH Sprache S. 36, 37	Wörter mit Qu/qu üben; im Wörterbuch nachschlagen (109); Wörter mit ck und tz üben: aus Texten herausschreiben, Reimwortübungen, Silbentrennung (111); Zeichensetzung bei wörtlicher Rede (113); GWS/Wörterspeicher üben (105, 109) AH Sprache S. 35, 37, 38	S. 170/171 Übungstexte abschreiben, Partner-, Dosen-, Schleichdiktat; in Geheimschriften Übungswörter entschlüsseln; Reimwortübungen; verwürfelte Sätze ordnen; semantische Unverträglichkeiten erkennen; Wörter mit ock; Groß- und Kleinschreibung in einem Text beachten; Lese- und Schreibstraße
Zeitstufen in Texten beachten (117); Nomen in Sätzen verwenden; verwürfelte Komposita ordnen (119); Sprachvarianten erkunden; Fragen zu einem Text in Sätzen beantworten (121); sich in fremden Sprachen orientieren (119, 124) AH Sprache S. 39	fachsprachliche Nomen in Sätzen verwenden; Nomen mit Mitlauthäufungen üben (119); Wörter mit Auslautverhärtung üben; Rechtschreibhilfe Wortverlängerung erproben (121); GWS/Wörterspeicher üben (119, 121) AH Sprache S. 39	S. 172/173 Übungstexte abschreiben, Partner-, Dosen-, Schleichdiktat; in Geheimschriften Übungswörter entschlüsseln; Sätze nach Bauplan schreiben/Stammprinzip; Komposita; verwürfelte Sätze ordnen; Großschreibung am Satzanfang/von Nomen
Adjektive mit -ig, -lich, -d, -t am Wortende; verwandte Wörter nach Wortarten ordnen (129); Sprachvarianten erkunden (Binärcode); Wörter ent- und verschlüsseln; Wörter aus der Computersprache erklären und in kleinen Gedichten verwenden (133) AH Sprache S. 41, 44	Adjektive mit -ig, -lich, -d, -t am Wortende schreiben; Rechtschreibhilfe Wortverlängerung erproben; Stammprinzip bei verwandten Wörtern; Groß- und Kleinschreibung von Wörtern beachten (129); GWS/Wörterspeicher üben (127,129) AH Sprache S. 41, 44	S. 174/175 Übungstexte abschreiben, Partner-, Dosen-, Schleichdiktat; in Geheimschriften Übungswörter entschlüsseln; Silben zu Wörtern ordnen; mit Satzgliedern Sätze bilden; Wörter mit ass/ess; Satzschieber; Text ohne Selbstlaute vollständig aufschreiben

Infotafel Sprache

Seite 9

Namen für Dinge, Menschen, Tiere und Pflanzen nennt man **Nomen (Namenwörter)**. Nomen werden großgeschrieben. Sie haben die **Begleiter**.
ein, eine – der, die, das.
Die Begleiter nennt man auch **Artikel**.
Nomen gibt es in der **Einzahl** und **Mehrzahl**.
der Gruß – die Grüße, die Brücke – die Brücken, das Gewitter – die Gewitter

Seite 21, 91

Adjektive (Wiewörter) beschreiben, wie etwas oder wie jemand ist.
Mit Adjektiven kann man vergleichen:
Grundstufe:
Der Maikäfer fliegt *weit*.
1. Vergleichsstufe:
Die Biene fliegt *weiter*.
2. Vergleichsstufe:
Die Libelle fliegt am *weitesten*.

Seite 23, 35

Wörter, die sagen, was jemand tut oder was geschieht, nennt man **Verben (Tunwörter)**.
Verben haben eine **Grundform** und verschiedene **Personalformen**:
pflegen: ich pflege, du pflegst, er/sie/es pflegt, wir pflegen, ihr pflegt, sie pflegen.

Seite 45

Verben können angeben, von welcher Zeit erzählt wird:
sie schreiben (**Gegenwartsform**)
sie schrieben (**Vergangenheitsform**)

Seite 33

Alle **Verben** haben einen **Wortstamm** und eine **Endung**.

Seite 53, 81

Ein Satz besteht aus mehreren Teilen. Die Teile, die immer zusammenbleiben, heißen **Satzglieder**. Mit der Wer-oder-was-Frage und dem Verb findest du den **Satzgegenstand** (das Subjekt). Das Verb im Satz nennt man **Satzaussage** (Prädikat). Es sagt etwas über den **Satzgegenstand** (das Subjekt) aus: *Claudia fand den seltensten Baum.*

Seite 39

Die **wörtliche Rede** in einem Text steht in **Anführungszeichen** (Redezeichen). Oft gibt ein **Begleitsatz** an, wer spricht:
Die Stimme ruft: „Bewege dich!"

Seite 87

Nomen können durch **Fürwörter** (Pronomen) ersetzt werden:
ich, du, er, sie, es, wir, ihr, sie (alle) sind **Fürwörter** (Pronomen).